Aller-retour vers l'au-delà

Catalogage avant publication de Bibliothèque et Archives nationales du Québec et Bibliothèque et Archives Canada

Challut, Isabelle
Aller-retour vers l'au-delà: histoire d'une expérience de mort imminente et d'une guérison spontanée
ISBN 978-2-89436-714-8
1. Expérience de mort temporaire. 2. Guérison par la foi. 3. Challut, Isabelle - Famille. I. Titre.
BF1045.N4C42 2015 133.901'3 C2015-941615-9

Nous reconnaissons l'aide financière du gouvernement du Canada par l'entremise du Fonds du livre du Canada (FLC) pour nos activités d'édition.

Nous remercions la Société de développement des entreprises culturelles du Québec (SODEC) pour son appui à notre programme de publication.

Gouvernement du Québec – Programme de crédit d'impôt pour l'édition de livres – Gestion SODEC.

Infographie de la couverture: Marjorie Patry
Mise en pages : Josée Larrivée
Révision linguistique: Amélie Lapierre
Correction d'épreuves: Michèle Blais

Éditeur: Les Éditions Le Dauphin Blanc inc.
Complexe Lebourgneuf, bureau 125
825, boulevard Lebourgneuf
Québec (Québec) G2J 0B9 CANADA
Tél.: 418 845-4045 Téléc.: 418 845-1933
Courriel: info@dauphinblanc.com
Site web: www.dauphinblanc.com

ISBN version papier : 978-2-89436-714-8
ISBN version numérique epdf : 978-2-89436-715-5
ISBN version numérique epub : 978-2-89436-716-2
ISBN version numérique mobi : 978-2-89436-717-9

Dépôt légal: 4e trimestre 2015
Bibliothèque nationale du Québec
Bibliothèque et Archives Canada
Données de catalogage disponibles auprès de Bibliothèque et Archives nationales du Québec.

Imprimé au Canada

Isabelle Challut

Aller-retour vers l'au-delà

Histoire d'une expérience de mort imminente et d'une guérison spontanée

Le Dauphin Blanc

Table des matières

Préface

Lorsque j'ai appris, par son mari, que Germaine était hospitalisée pour une péritonite, le médecin que je suis a été très pessimiste, et la personne que je suis, profondément triste de « savoir » que Germaine Challut allait mourir. Une dame de 79 ans, avec des antécédents de cancer colorectal, que j'avais accompagnée avec bonheur pendant 4 ans par la naturopathie et l'homéopathie... rationnellement parlant, elle avait très peu de chances de se sortir d'une infection répandue dans tout l'abdomen.

C'était sans compter sur l'ÊTRE qui habite toute femme et tout homme.

Pourtant, nous en parlions, elle et moi, dans nos rencontres régulières à mon bureau : la force de l'être est toujours plus grande que les agitations de nos petits cerveaux raisonneurs. J'ai la même foi que Germaine Challut et j'avais toujours plaisir à échanger avec elle sur le pouvoir de la prière et de la méditation.

Je « savais » médicalement parlant que la situation était désespérée.

C'était sans compter sur le pouvoir de l'amour.

« La médecine soigne, l'amour guérit » est ma devise et le titre d'un de mes livres. Germaine Challut allait nous en faire une magistrale démonstration.

J'aurais pu m'en douter, si j'avais écouté cette voie du cœur si précieuse.

Mais j'ai appris la nouvelle à un moment où la vie me bousculait aussi et où je n'ai pas pris le temps de m'arrêter vraiment. J'ai eu beaucoup de peine et j'ai prié intensément la Vierge qu'elle vienne apaiser ses douleurs et aider sa famille.

Je « savais »... mais notre connaissance est limitée. Germaine, elle, a « connu » la guérison. *Con-naître*, veut dire étymologiquement parlant, naître avec.

Elle a connu la Vie. Elle a véritablement appréhendé le fait que la Vie continue après la mort ; elle a expérimenté la mort comme un simple passage, un chemin vers la Lumière. Et ce n'est certainement pas un hasard qu'elle ait vécu cette expérience aux cotés de sa fille spécialisée dans l'art du passage d'un monde à un autre, de l'incréé vers le créé. Germaine lui a enseigné, et nous a enseigné, le passage du créé vers l'incréé.

Ces dernières années, la force de la foi et de la prière continuent de m'étonner et de m'enseigner ! Je pratique depuis longtemps la méditation et la prière, et je rends grâce pour les cadeaux privilégiés que ces personnes nous font par l'intermédiaire de leurs guérisons « inexpliquées ».

Germaine et, récemment, une autre personne de mon entourage, sont venues de façon extraordinaire contrecarrer toutes les prédictions médicales dans un fracas lumineux et doux !

Quelle fraîcheur et quel bonheur de prendre conscience que nos savoirs peuvent être heureusement dépassés par l'accès à la dimension spirituelle de l'Humain, à notre véritable Nature.

Dès nos premières rencontres, quatre ans auparavant, je retenais de Germaine Challut sa douceur. Elle était une belle dame fragile, extrêmement sensible à toute vibration de beauté et que nos échanges apaisaient par leur humour, leur simplicité et leur vérité. Une porcelaine fine et précieuse, une fleur fragile, une soie à toucher avec précaution.

Un accompagnement tout en demi-teintes, ou plutôt en demi-doses en naturopathie suffisait à l'équilibrer.

Fragilité était le mot qui résumait Germaine Challut, mais déjà, nous en avions parlé toutes les deux, cette fragilité était aussi sa force : elle ressentait intensément tout son environnement.

Au lieu de porter son attention sur ce que cela impliquait comme désagrément ou générait comme peur, j'avais essayé de la guider sur les avantages : une magnifique intuition, et une capacité à voir et à sentir mieux et plus juste…

J'étais loin de me douter à quel point cela allait se révéler. J'étais loin d'imaginer qu'elle allait vivre cette expérience si extraordinaire et si lumineuse. Lorsque sa fille, Isabelle, m'en a informée, j'en ai été à la fois ravie, émerveillée et emplie de gratitude !

« L'agneau immolé se tient debout. » Cette phrase de la culture chrétienne illustre bien ce qu'a vécu Germaine. C'est au pire moment de la fragilité, lorsque tout est perdu, qu'un possible ailleurs advient. Ici, cela tient du miracle, ailleurs, le miracle advient aussi, mais il n'est pas forcément visible à nos yeux.

Ici, Germaine a dit oui, oui à un départ qu'elle souhaitait…et c'est une renaissance qu'elle a vécue.

La force de l'abandon, du Oui, lorsque nos forces ne suffisent plus, Germaine l'a vécu, mais Claude, son mari, aussi.

C'est au moment où tout semble s'arrêter qu'une porte – et quelle porte ! – s'ouvre.

Cette expérience remarquablement relatée par Isabelle, sa fille, est un cadeau lumineux qui nous est fait. Cette aventure, et le mot n'est pas trop fort, nous conduit sur un chemin d'espérance et de joie. Une douce et fragile femme est revenue de la mort pour nous dire de ne pas désespérer, de ne pas avoir peur, et de croire !

« Va, ta foi t'a sauvé » n'est pas une parole d'il y a deux mille ans, mais de 2014, ici, au Québec. Cette parole et cette expérience réveillent notre espérance et sont à partager au plus grand nombre.

La lumière finit toujours par traverser les ténèbres et *« tant d'amour après tant de désespérance »* restera la petite phrase de Germaine Challut à se rappeler comme un mantra tout au long de nos vies.

Isabelle et Germaine nous font un cadeau merveilleux en nous rapportant l'expérience de Vie vécue par toute une famille pour qui plus rien n'est comme avant.

Un livre émouvant, lumineux, Vivant, à partager !

Une bouffée d'espérance et de joie.

Christine Angelard
Diplômée d'un doctorat en médecine en France, naturopathe
www.christineangelard.com

Mot de l'auteure

Ce livre témoigne de l'expérience que j'ai vécue aux côtés de ma mère, Germaine, à la fin de l'été 2014. Je l'ai accompagnée tout au long de son hospitalisation aux soins intensifs et de son dernier passage.

C'est alors qu'elle est partie dans l'au-delà rencontrer des êtres divins et retrouver des êtres aimés disparus. Quand elle est revenue à la vie, elle a décrit avec intensité son expérience et elle a reçu un cadeau en prime : la guérison.

Mon père, Claude, mes enfants, Téo et Juliette, mon amie, Ginette, présente tout au long de l'aventure, et moi-même avons vécu une expérience bouleversante et transformatrice à ses côtés. Et de nombreuses questions ont surgi. À quoi sert une telle expérience ? Pourquoi Germaine y a-t-elle eu accès ? Que fait-on après ? Comment intégrer ce vécu au quotidien ? Qu'est-ce que le monde réel et où est l'illusion ?

Maman pétillait de vie à son réveil. Elle était radieuse. Moi, je ne voyais plus la vie avec les mêmes yeux qu'auparavant. Germaine m'a transmis, sans aucun doute, que la vie est beaucoup plus vaste que ce que nous voyons. Notre potentiel est immense.

J'avais lu de nombreux témoignages semblables au sien, mais vivre d'aussi près une telle situation a été très émouvant, voire déstabilisant. Mes convictions ont été bousculées. Ma mère m'a amenée plus loin que ce que je pensais être la réalité par cette expérience concrète bien au-delà des concepts et des idéologies.

Replonger dans ces évènements pour écrire ce livre a été un parcours bouleversant. Je tenais à honorer la demande de Germaine qui m'a mandatée pour transmettre le message dont elle était porteuse à son réveil.

Je précise que dans son témoignage, ma mère parle parfois de Dieu et, à d'autres moments, de lumière et d'amour. J'ai transcrit textuellement les mots qu'elle a utilisés pour ne pas transformer ou interpréter ses paroles. Elle est de confession catholique, mais ne désire pas associer son message à une religion. Elle explique que ses perceptions sont reliées à ce qu'elle connaît et à ce en quoi elle croit personnellement. Le lecteur peut transposer ces termes à ses propres conceptions et croyances.

Préambule

En ce vendredi 5 septembre 2014, je roule vers l'hôpital sur le « pilote automatique ». J'ai mal dormi. Cela fait dix jours que j'ai accompagné ma mère à l'hôpital pour une douleur abdominale qui a rapidement dégénéré en une urgence chirurgicale.

Ce fut tout un choc, car elle était un peu souffrante et fatiguée les semaines précédentes, mais rien ne laissait présager une telle situation. Dès son arrivée à l'hôpital, son état s'est rapidement dégradé. Lorsque le diagnostic de perforation intestinale a enfin été posé, après de longues heures d'attente à l'urgence, l'infection s'était généralisée et l'opération devenait vraiment impérative pour nettoyer son abdomen et réparer son intestin.

Depuis, elle est aux soins intensifs, sous respirateur artificiel. Son infection n'est toujours pas contrôlée, son état est critique et elle est maintenue endormie. Quelles sont ses chances de sortir des soins intensifs sans trop de conséquences à presque 80 ans ? De plus, devant sa difficulté à se réveiller après l'arrêt des narcotiques, le médecin partage avec nous sa crainte d'un accident vasculaire cérébral.

Après une nième rencontre avec l'équipe, nous avons décidé, mercredi, de la « sevrer » du respirateur et d'abandonner tous les traitements qui la maintiennent artificiellement en vie. Elle reçoit donc des soins de confort pour terminer son passage en douceur et sans souffrance.

Faire ce choix a été extrêmement difficile.

Au moment d'enlever son tube dans la trachée, elle est enfin un peu plus réveillée et répond par des signes de tête aux explications des procédures par le médecin. Elle ne semble pas avoir peur. Nous ne sommes pas au bout de nos surprises puisqu'elle verbalise clairement son désir de mourir et d'arrêter les traitements dès qu'elle est libérée de son tube endotrachéal. Elle confirme donc notre décision, ce qui nous bouleverse tous. Mon père, mes enfants et moi-même sommes alors très vulnérables. Depuis une semaine nous devons faire face à nos peurs quant à la mort et à la perte d'un être cher.

Je suis donc en route et je ne sais pas comment je vais la trouver ce matin. J'ai reçu un message texte très troublant de mon amie Josy qui a passé la nuit auprès d'elle. Nous avons vécu une semaine mouvementée et je suis fatiguée et émotive.

En arrivant aux soins intensifs, je suis très nerveuse. Je réalise que j'ai peur. Mon corps est fébrile, je respire trop vite, je voudrais déjà être auprès d'elle et, en même temps, je crains le pire. Que se passe-t-il ce matin ? Le message texte de Josy tourne en boucle dans ma tête. Mes réflexions partent dans tous les sens et les derniers mètres avant d'arriver me semblent interminables. Je croise les infirmières, qui sont souriantes. Je me dis que tout doit être stable.

J'ouvre la porte tout doucement au cas où maman dormirait. Et je reste bouche bée devant un spectacle totalement insolite en regard de notre dernière semaine. Mon cerveau ne parvient pas vraiment à comprendre ce que je vois. Ma logique est déstabilisée. Mes scénarios éclatent.

Maman est assise dans son lit. Elle boit du thé. Elle est souriante et très volubile. Son teint est clair. Elle m'accueille les bras ouverts, le visage tendu vers moi pour m'embrasser. Je m'assois à ses côtés, incapable de prononcer un mot. Elle m'explique alors qu'elle a vécu une expérience extraordinaire lorsque le prêtre est venu la veille.

Je n'arrive toujours pas à accepter ce que je vois comme étant réel. J'observe le seul indice de surveillance médicale que nous avons conservé : la saturation en oxygène. Elle indique un taux d'oxygénation du sang inférieur à la normale. Pourtant, le teint de Germaine est lumineux et elle n'a pas de difficulté à respirer. C'est très surprenant.

Je l'ai quittée mourante et je la retrouve pétillante de vie, sans aucune douleur, une tasse de thé à la main et une envie de miel…

Je dois intercepter mon père avant qu'il ne la voie et n'ait un choc. Il lui a dit adieu. Il a accepté qu'elle parte.

Que s'est-il donc passé cette nuit ?

Ma famille

L'expérience que je relate dans ce livre m'amène à vous présenter ma famille, car je crois qu'il est important de connaître le contexte dans lequel l'expérience s'est déroulée.

D'origine française, je vis au Québec depuis plus de vingt ans. Mes parents, Claude et Germaine, issus de milieux ruraux, ont tous les deux grandi dans des petits villages des Alpes françaises, à la campagne. Ils sont nés avec la Deuxième Guerre mondiale et sont restés toute leur enfance dans leur village respectif, au creux des Alpes, ayant peu de contacts avec l'extérieur. À l'époque, ils sont scolarisés jusqu'à l'obtention du certificat d'études, à quatorze ans. Maman m'a souvent dit à quel point elle aurait aimé continuer ses études, car elle adorait l'école. Mais, elle faisait partie d'une famille de seize enfants et ses parents n'avaient pas les moyens de lui payer des études supérieures.

Ses sœurs se marient les unes après les autres et quittent la maison tandis que ses frères travaillent à la ferme. Germaine, intérieurement, rêve d'une vie à la ville, agrémentée de sorties, de bals et de belles tenues... Elle n'aime pas s'occuper des animaux ou des cultures. Le travail est dur et elle a peur des troupeaux de vaches et des taureaux qu'elle doit parfois surveiller. De santé fragile et de nature anxieuse, elle s'avoue souvent inquiète lorsqu'elle est seule dans la montagne à devoir s'occuper des bêtes ou lorsqu'elle travaille dans les immenses champs.

Mon père, certificat d'études en poche, débute dans l'industrie de la construction. Le travail est dur, les journées sont longues, mais c'est un apprenti volontaire qui supporte vaillamment ces conditions difficiles. Toute sa vie, il a conservé ce caractère persévérant et travailleur.

Nous étions fascinés, mon frère et moi, lorsque maman nous racontait sa vie. Pour nous, ses récits semblaient issus d'une époque si lointaine... Nous lui redemandions régulièrement de nous raconter, encore et encore, son enfance.

Elle nous répétait que, dans sa ferme, il y avait un seul robinet avec l'eau courante dans la cuisine. Pour la toilette et le lavage, il fallait aller chercher l'eau dans le puits et remplir des seaux. Elle marchait avec des sabots aux pieds et ne portait pas de pantalon sous ses robes malgré le froid des régions montagneuses. Et c'est ma grand-mère qui fabriquait les vêtements de sa nombreuse famille.

Ma mère a donc connu la pauvreté. Malgré tout, elle nous a transmis ses souvenirs toujours empreints d'amour et de respect.

Après ses études, elle désire vraiment quitter sa ferme natale et elle accepte un poste dans une usine, en ville. Puis, elle devient la dame de compagnie d'une veuve riche qu'elle a connue plus jeune. Elle nous a raconté à maintes reprises sa joie de vivre auprès de cette femme, peintre à ses heures, qui lui apprend beaucoup et qui l'aide dans sa nouvelle vie loin de sa famille.

Son autre grand plaisir est d'aller danser dans les bals. Plaisir qu'elle conservera toute sa vie, d'ailleurs. Et c'est dans l'une de ces soirées qu'elle fait la connaissance de mon père.

Quelques mois après leur rencontre, alors qu'ils ont tout juste vingt ans, mon père doit partir faire la guerre en Algérie. Il sera absent pendant deux ans. À cette époque, en Europe, les jeunes hommes sont obligés de faire leur service militaire et ils sont enrôlés de force pour servir la nation et être soldats si une guerre se déclare. Ma mère nous raconte qu'ils s'écrivent régulièrement tant que mon père est mobilisé. Ils s'aiment à distance et, heureusement, Claude n'est pas blessé au cours des combats.

J'ai toujours eu du mal à imaginer mon père avec une arme à la main et il n'a jamais voulu nous raconter précisément cette période de sa vie qu'il semblait préférer oublier. Il était si jeune lorsqu'il est parti.

Mes parents se marient dès le retour de mon père d'Afrique du Nord. Par la suite, ils ne se séparent plus. Mon frère, Dominique, et moi-même sommes au centre de leur vie. Toute leur attention est donnée à leur famille et à leur travail. D'aussi loin que je me rappelle, je les ai toujours vus ensemble. Ils n'ont jamais vraiment fait d'activités l'un sans l'autre… sauf lorsque mon père part pour une randonnée en vélo. Aucun membre de la famille n'est capable de le suivre. Il peut parcourir des dizaines de kilomètres en montagne avant d'être essoufflé, car il a un cœur qui bat très lentement, à moins de cinquante battements par minute. C'est intéressant pour le sport, mais ça lui cause d'autres désagréments, comme une fragilité à tomber en syncope.

Dans la trentaine, ils commencent à travailler ensemble. Lorsque mon père devient artisan, maman gère sa comptabilité. Puis, ils achètent un hôtel avec mon frère et, là encore, ils travaillent ensemble.

Ils forment donc un couple uni. Ils partagent tout.

Quant à la religion catholique, elle a tenu une place importante tout au long de leur vie. Dans les campagnes françaises, où ils ont passé leur enfance, la religion et le curé validaient les bonnes mœurs et dictaient les règles à suivre. Mes parents, surtout ma mère, ont été soumis à ces normes toute leur enfance.

Ma grand-mère maternelle est restée très pratiquante toute sa vie. Elle quitte sa ferme pour venir vivre avec ma famille l'année de ma naissance. Petite, je passe de longues heures avec elle à jouer ou à l'écouter, fascinée par sa vie si différente de la mienne.

Ma mère est restée attachée à ses croyances religieuses, et la présence de sa propre mère dans notre maison pendant vingt ans l'a certainement maintenue dans son respect des traditions et des conventions catholiques.

Cet aspect est important dans notre histoire et dans mon cheminement actuel par rapport à l'expérience de Germaine. Elle a grandi avec la religion catholique puis a évolué vers une vie spirituelle plus ouverte en s'installant au Québec. De mon côté, les voyages et ma vie en Polynésie française, dans les Antilles puis au Québec ont nourri ma quête spirituelle et transformé mes champs d'intérêt.

Pendant mon adolescence, mes parents m'apparaissaient plutôt conventionnels et attachés aux traditions. Ils ont vécu dans la même région, pendant plus de soixante ans, entourés de leurs familles respectives et de leurs amis de toujours, même si les relations étaient parfois conflictuelles. Ils avaient cette conviction que c'était leur vie et qu'ils ne pouvaient pas tout remettre en question. C'est ce que je trouvais très étouffant étant plus jeune… et c'est ce qui m'a fait beaucoup réfléchir ces derniers mois.

Un lieu de vie intergénérationnel

Je me suis installée au Québec en 1992. À cette époque, je vis déjà loin de ma famille depuis six ans et ma relation avec mes parents est un peu chaotique et chargée de nos incompréhensions mutuelles. Cependant, nous maintenons un lien et je crois que la distance permet peu à peu de nous ramener à l'essentiel. Lorsque j'arrive au Québec, je suis à l'aube de la trentaine et nous parvenons tant bien que mal à mettre de côté nos différences. À ce moment de nos vies, j'ai l'impression que nous entrons à nouveau en relation, comme des adultes qui se respectent. Un nouveau chemin se trace entre nous. Claude et Germaine, qui n'avaient jamais pris l'avion, viennent de plus en plus souvent et ressentent le plaisir de voyager et de découvrir de nouveaux horizons.

Au fil des années, nous parlons de l'organisation de leur vie, du moment où ils devront quitter leur maison en vieillissant, et mon retour en France est envisagé. Mon frère vit toujours là-bas, mais il ne pourra pas s'en occuper. Différents scénarios sont considérés. Pour ma fille adolescente, projeter un retour en Europe n'est guère envisageable. Puis, un jour, mon père partage avec moi l'idée de venir s'installer au Québec et, si je suis d'accord, de trouver une maison intergénérationnelle.

Je suis bouleversée par cette proposition qui me confirme que nous avons recréé, au fil de leurs séjours au Québec, des liens solides. Je souris à cette nouvelle vie ; jamais je n'aurais pu imaginer ce choix de la part de mes parents. Eux, que je pensais conformistes et attachés à leur lieu de vie, sont prêts à immigrer à 68 ans. Quelle surprise et quelle ouverture insoupçonnée !

Nous allons visiter des dizaines de maisons, mais rien ne convient. Ils repartent en France bien décidés à continuer leur processus d'immigration. Il y aura de nombreuses embûches dans ce dossier, mais un beau jour, ils reçoivent une réponse positive et peuvent immigrer. Il ne manque que le lieu de vie.

Automne 2002. Je ne lis jamais les journaux, mais en ce matin de pluie, j'ouvre le journal local et je regarde les petites annonces. Une maison présentée comme étant idéale pour créer une auberge est à vendre dans le village. Je vais la visiter et je suis sous le charme : tout est parfait pour créer une maison pouvant accueillir deux familles indépendantes tout en gardant des espaces communs. Elle est très proche du centre du village, ce que mes parents désirent ; elle est dans un domaine très tranquille et elle a d'immenses fenêtres qui nous relient à la nature et laissent entrer toute la lumière. C'est mon rêve.

Un couple a fait une offre d'achat avant nous. À ce moment-ci, mes parents sont en France et ne peuvent pas revenir. Mon père me donne son accord pour l'achat de cette maison si elle me semble être la bonne. Je suis bouleversée, excitée, incroyablement reconnaissante de cette synchronicité qui se manifeste. La banque refuse le prêt au couple qui avait fait l'offre. Cette maison est pour nous !

Par la suite, tout s'enchaîne très rapidement et j'emménage dans la maison avec mes enfants quelques semaines plus tard. Mes parents quittent la France et nous rejoignent le mois suivant. Ils ont alors 69 ans et découvrent leur nouvelle terre d'accueil, le Québec.

Nous allons vivre un grand bonheur tous ensemble pendant plusieurs années. Malgré l'immigration, les incompréhensions et les différences, les retrouvailles improbables se font dans la sérénité, la simplicité, le respect et le partage.

Ce qui ne m'aurait jamais semblé possible il y a vingt ans prend forme au Québec. Nous explorons les joies de nous entraider, de vivre en semi-communauté tout en respectant nos espaces et nos valeurs. Mes enfants découvrent le plaisir de se faire inviter par leurs grands-parents, ce qu'ils ne connaissaient pas encore dans le quotidien.

Mon père construit et aménage la partie qui leur est destinée. Il crée son jardin biologique, il répare tout ce qui se brise dans la maison. Il nourrit mes enfants de sa présence, de son amour et de son engagement envers nous tous. Je redécouvre mes parents qui, au-delà de mes espérances, se sont projetés dans cette nouvelle vie, cette nouvelle culture et ce nouveau climat avec, somme toute, une facilité à s'adapter qui me déconcerte un peu.

Cette maison a été un nouveau départ dans notre relation et un tournant important pour notre famille. Le principe d'une maison intergénérationnelle est basé sur la proximité et la communication des logements qui sont dans le même bâtiment. Il y a une seule adresse et tous les services de la ville sont partagés. Cela demande beaucoup de confiance et de respect pour ne pas abuser de cette mitoyenneté, car seule une porte intérieure nous sépare et nous permet de nous visiter.

L'annonce du cancer en 2010

Nous sommes en février 2010, ma mère a 75 ans et elle vit au Québec depuis 7 ans. Après avoir consulté un médecin pour un inconfort causé possiblement par des hémorroïdes, elle désire aller en rencontrer un autre, car elle sent une gêne et aimerait un examen plus complet. Après le deuxième avis médical, une coloscopie[1] est prévue.

Je l'accompagne à l'hôpital pour cet examen, car elle doit être endormie et elle est rassurée par ma présence. Je connais bien cet hôpital, car j'y ai travaillé comme infirmière. Toute l'équipe présente ce matin-là me connaît. Maman part pour son examen en salle d'opération et, lorsqu'elle revient, j'attends qu'elle se réveille pour l'aider à s'habiller et la ramener à la maison. Avant notre départ, l'infirmière doit la revoir et l'autoriser à quitter l'hôpital, mais le temps passe et personne ne vient.

---

1. La coloscopie est un examen qui consiste à introduire un conduit flexible, muni d'une lumière et d'une caméra, dans le rectum puis dans le côlon. Cet instrument permet au médecin de bien voir les intestins afin de faire le diagnostic de plusieurs affections gastro-intestinales.

Je ressens un malaise lorsque je réalise que les infirmières évitent mon regard, mais je n'envisage pas le pire pour autant. Puis, une infirmière vient me dire que le chirurgien veut nous rencontrer avant notre départ. Nous attendons dans le bureau de longues minutes. Ma mère aussi a l'impression que quelque chose ne va pas. Est-ce notre imagination ou notre tendance à nous inquiéter qui nous joue des tours ?

Puis, le chirurgien entre, nous dit bonjour et, en quelques minutes, sans prendre une respiration, il nous annonce qu'il y a une tumeur, qu'il faut l'enlever, que la chimiothérapie sera nécessaire et que nous devons prendre rendez-vous aujourd'hui pour la chirurgie. J'apprendrai, quelques semaines plus tard, par une infirmière présente ce jour-là, que la rapidité avec laquelle il nous a communiqué le diagnostic n'était pas un manque d'humanité, mais la manifestation de son stress. Il avait de la difficulté à assumer cette partie de son travail et à annoncer cette mauvaise nouvelle.

C'est pourquoi nous avions tant attendu : il ne savait pas comment nous le dire.

Pendant qu'il parle sans trop oser nous regarder, le mot *tumeur* résonne dans ma tête. Je ne comprends plus rien à ce qu'il dit et je me mets à pleurer. Ma mère qui va si bien a un *cancer* ? Elle est figée à côté de moi, elle ne pleure pas ; elle ne semble presque pas étonnée. Elle ne se sentait pas très bien depuis quelques semaines, mais nous étions loin d'envisager la possibilité du cancer.

Je suis en état de choc et ma main fait signe au chirurgien de se taire. Cancer, chirurgie, chimiothérapie, radiothérapie. J'ai besoin de respirer. Ma mère est toujours silencieuse, mais je la sens, elle aussi, sous le choc.

Nous prenons un peu de temps pour absorber la nouvelle avant de rentrer pour l'annoncer à mon père et à mes enfants. Nous prenons un rendez-vous avec le chirurgien avant de partir.

La vie vient de basculer. Le mot *cancer* a été prononcé et entre dans nos vies. Dès que mon père nous voit, il sait que quelque chose de grave est arrivé. C'est aussi un choc pour lui, car aucun des deux n'a jamais été malade gravement et la peur de la séparation, de la vie sans l'autre, s'insinue en lui.

Les semaines suivantes, nous allons beaucoup parler, lire, essayer d'aider Germaine à faire les bons choix dans cette situation très inquiétante. Depuis mon enfance, j'ai pu observer que maman n'a jamais aimé prendre des médicaments. Elle dit ne pas les supporter. Mais, elle reste d'un naturel inquiet et a besoin de ses visites chez le médecin lorsqu'elle se sent moins bien. Elle a toujours eu un peu peur de la maladie, comme bon nombre d'entre nous. Lorsqu'elle voit son médecin, elle repart parfois avec une « prescription » à laquelle elle ne donne suite que rarement et essaie plutôt des thérapies plus globales, comme l'homéopathie ou l'ostéopathie.

Par contre, face au cancer, le doute s'installe, le choix des traitements est plus « confrontant », car les conséquences peuvent être graves. Elle a peur du cancer, mais elle a encore plus peur de la chimiothérapie. En fait, je crois qu'elle a surtout peur de souffrir. Nous avons beau envisager toutes les possibilités et tenter d'imaginer ce qui peut arriver, nous n'obtenons pas de réponse idéale. Il faut revenir à la situation présente et elle doit tenter de se faire une idée avant de s'engager dans un choix. Elle aimerait avoir une réponse sans aucune ambiguïté. Malheureusement, il n'y en a pas. Il faut choisir la solution la plus adéquate, même si elle est imparfaite, et elle seule peut le faire.

Nous avions souvent parlé avec maman de nos choix éventuels en cas de maladie. Tout à coup, devant la réalité du diagnostic de cancer, autant Germaine doit prendre une décision et faire un choix concret, autant mes convictions sont ébranlées parce que l'enjeu est grand.

Depuis déjà quelques années, mes parents ont transformé leur alimentation en y intégrant les bases du végétarisme, en choisissant des aliments biologiques, en diminuant le sucre et certains aliments jugés toxiques. Ils se font également traiter en ostéopathie, en acupuncture et ils essaient de régler les petits rhumes et les maux bénins avec des soins naturels ou des produits à base de plantes. Maman avait donc pris sa santé en main et n'a pas eu besoin de médicaments depuis qu'elle vit au Québec, c'est-à-dire depuis sept ans… Je suis surprise et un peu en colère depuis l'annonce de ce diagnostic de cancer, puisqu'elle a une hygiène de vie plutôt exemplaire depuis des années ! Pourquoi a-t-elle un cancer ? Mes convictions sont ébranlées. Et si j'étais moi-même malade, quels seraient alors mes choix ?

Maman peut-elle prendre le risque de se passer de la chimiothérapie qui l'effraie tant ? Quels en sont les réels effets secondaires ? Ma mère est inquiète et lit tout ce qu'elle trouve sur le sujet. Elle doit faire le choix avec lequel elle est le plus à l'aise. Je lui promets que quoi qu'elle choisisse, je serai à ses côtés. Mon père ne comprend pas vraiment notre remise en question d'une éventuelle chimiothérapie. Pour lui, il est clair que sa femme doit tout faire pour guérir, ce qui signifie qu'elle ne peut pas se permettre de refuser la chimiothérapie.

Elle ne remet pas en doute l'importance de la chirurgie, car elle ressent une gêne réelle et veut que cette tumeur disparaisse. C'est une grosse chirurgie qui consiste en l'ablation du rectum et en l'installation d'une colostomie[2] sur son abdomen. C'est un changement important que de vivre avec un sac sur l'abdomen et de perdre le contrôle de son élimination intestinale, des gaz et des selles. Mais elle se dit prête, car cette tumeur l'inquiète énormément. La chirurgie comporte des risques, mais elle doit choisir les risques avec lesquels elle est prête à vivre. Et c'est loin d'être facile.

Elle prend la décision, après de nombreuses remises en question, de refuser la chimiothérapie et la radiothérapie. Elle a lu et relu les risques, les effets secondaires possibles et elle a plus peur de ces traitements que de mourir du cancer. Nous en discutons beaucoup, elle doute, elle a peur et elle se pose une multitude de questions. Nous rencontrons donc le chirurgien puis l'oncologue afin de bien comprendre les traitements qu'ils proposent. Lorsque ce dernier lui dit que la chimiothérapie est donnée en prévention, elle refuse sans hésiter. Elle me demande mon avis, à moi, sa fille infirmière… Je veux qu'elle fasse le choix qui est le plus juste pour elle, selon ses convictions, et elle me répète sa crainte des effets secondaires, elle qui ne supporte aucun médicament. Quand le chirurgien lui annonce que les traitements de radiothérapie ont lieu à Montréal, soit à plus d'une heure de chez nous, et qu'elle doit aller à l'hôtel pendant cinq semaines et manger au restaurant, sa réponse est alors très rapide. C'est un refus sans appel. Elle ne peut pas envisager de quitter sa maison. Elle mange très peu et ne supporte plus vraiment la cuisine de restaurant, trop grasse et difficile à digérer. Son alimentation s'est transformée depuis plusieurs années et elle mange essentiellement des produits issus de l'agriculture biologique, peu de viande et elle privilégie les légumes de son jardin.

2. Une colostomie est un « abouchement temporaire ou définitif du côlon à la peau permettant l'issue à l'extérieur d'une partie ou de la totalité des matières fécales ». (OQLF) Les selles sont donc « dérivées » vers ce qu'on appelle couramment un « anus artificiel ». Une colostomie est faite, en général, à la suite d'une ablation de la partie distale du côlon, du rectum et de l'anus à cause, souvent, d'une tumeur cancéreuse ayant envahi ces zones.

Après quelques semaines de réflexion, de doutes, même si elle a peur, elle me surprend par sa décision finale. Elle semble prête à assumer son choix… C'est la souffrance qui lui fait peur ainsi que le risque de métastases ou de récidive, plus que la mort.

Le chirurgien qui l'a opérée, qui n'est pas le même que celui qui lui a annoncé son diagnostic, n'est pas d'accord avec sa décision et lui affirme sans hésitation qu'elle risque de mourir rapidement en refusant ces traitements. Même si ma mère est à ce moment-ci très vulnérable, elle réaffirme son choix : elle préfère mourir chez elle de son cancer qu'affectée par les effets secondaires des traitements et elle refuse d'aller à Montréal. Il faut dire qu'elle n'a actuellement aucun symptôme et se sent en pleine forme. Le chirurgien quitte le bureau sans nous dire au revoir, mais maman ne semble pas s'en offusquer. Je crois que maintenant, elle essaie de rester positive dans ses choix et je suis très touchée de la voir ainsi.

Une nouvelle vie commence… avec le cancer. Il faudra apprendre à l'accepter, à vivre avec cette épée de Damoclès au-dessus de sa tête.

Quelques semaines plus tard, elle revient à l'hôpital pour l'opération, qui se déroule bien. La période postopératoire n'est pas facile avec une infection qui se greffe sur la plaie. Les chirurgies aux intestins sont malheureusement souvent sujettes à l'infection. C'est très impressionnant de voir la plaie dans cet état purulent. Les antibiotiques et les soins permettent de contrôler la situation et elle peut rentrer chez elle.

Les semaines suivantes seront éprouvantes. Son système digestif a beaucoup de mal à se remettre en route et une nouvelle accumulation de pus s'est constituée dans son abdomen. Les soins durent plusieurs mois et la peur et le doute sont omniprésents. Il faut apprendre à vivre avec le spectre de la récidive. Elle nous dit qu'elle souhaite continuer à vivre dans sa maison, avec sa famille, profiter de la nature, se promener dans son jardin, quoi qu'il se passe.

Elle cherche du support en naturopathie, car, si elle a refusé la chimiothérapie et la radiothérapie proposées par l'équipe médicale, elle veut soutenir son corps après la chirurgie. Nous rencontrons une naturopathe à Montréal qui la suivra pendant quatre ans afin de l'aider sur le plan de ses systèmes immunitaire, digestif et nerveux. Madame Angelard[3] a été médecin en France pendant de nombreuses années puis elle s'est installée au Québec et s'est spécialisée en médecine chinoise, en homéopathie et en naturopathie. Elle rassure beaucoup maman et, surtout, la respecte dans son choix. Elle l'encourage à se réserver du temps pour se détendre et prier, car celle-ci lui a confié que la prière l'apaise. Elle reçoit aussi des traitements en ostéopathie et en acupuncture qui la renforcent et lui redonnent l'énergie dont elle a besoin. Son système digestif se remet progressivement de cette lourde opération et elle parvient à retrouver une vie somme toute très satisfaisante. Les douleurs liées à l'opération se calment aussi au fil du temps. Mais son estomac et ses intestins restent très fragiles et elle doit faire très attention à son alimentation.

Elle me surprend aussi en acceptant relativement vite sa colostomie avec les inconvénients que cela engendre dans sa vie quotidienne. Mon père est extraordinaire sur ce point et a aménagé une petite douche pour que l'entretien de ses sacs soit très facile et efficace. Il la rassure beaucoup et l'aide pour tous ses soins, sans jamais faire un commentaire. Malgré tout, elle hésite à participer à certaines activités sociales à cause de sa nouvelle réalité.

---

3. [www.christineangelard.com].

Chaque jour, elle prend du temps pour prier. La prière a toujours fait partie de sa vie, mais je ne m'en rendais pas compte, car, même si nous habitons côte à côte depuis sept ans, je n'allais pas les voir tous les jours lorsque tout allait bien. Et elle ne me parlait pas de sa spiritualité à cette époque.

Depuis que je l'accompagne à ses rendez-vous avec madame Angelard, nous parlons plus de prière et de méditation. Elle écoute régulièrement des CD de méditation guidée, ce qui l'amène à se détendre, à se centrer sur sa respiration et surtout à calmer ses craintes, sources de questionnements intérieurs sans fin. Après ces séances, elle est calme, lumineuse et semble plus confiante. Elle explique que la musique et les paroles des méditations l'aident à entrer dans un espace intérieur de paix, ce dont elle a grandement besoin.

Nous sommes convaincues des effets positifs de cette pratique pour elle qui doit apprivoiser la maladie et faire confiance à son potentiel de guérison. Refuser les traitements traditionnels implique l'acceptation d'une aggravation éventuelle de la maladie, mais aussi la possibilité d'une transformation profonde. Maman désire avant tout vivre le mieux possible, en paix et sans souffrir durant les dernières années.

Le Dr Christian Boukaram, oncologue et auteur, étudie l'impact des émotions négatives sur le corps et la santé dans son livre[4]. « Les nouvelles recherches scientifiques démontrent que le cancer est une maladie environnementale. Cet environnement ne se limite pas aux ondes qui nous entourent ou à l'air que nous respirons. Cet

4. Dr Christian Boukaram, *Le pouvoir anticancer des émotions*, de l'Homme, 2011.

environnement est celui de nos cellules ; cet environnement, c'est nous[5]. »

Ma mère avait choisi de se faire suivre par un médecin homéopathe lorsqu'elle vivait en France et elle préfère continuer dans cette voie plus globale. Refuser des traitements alors qu'elle a un diagnostic avec un pronostic sombre implique de ne pas écouter les statistiques, de choisir de se prendre en main et d'affronter ses peurs, ce qui est loin d'être facile. Maman entre à petits pas dans ce cheminement et ose plonger dans son intériorité sans avoir aucune certitude. Cela prend beaucoup de courage et de lâcher-prise.

Cela dit, chaque fois qu'elle voit les médecins pour ses résultats de prises de sang, le stress revient, car les marqueurs tumoraux continuent d'augmenter. Ce sont des substances présentes dans le corps, spécifiques à un type de cancer ou non. Nous savons aussi que ces marqueurs peuvent être élevés sans être un signe de récidive. Chaque prise de sang ramène le doute, l'angoisse et la remise en question des soins. Il faudra plus de quatre ans pour que leur taux s'abaisse enfin. À ce moment-là, elle commence à croire qu'elle peut être guérie, mais elle n'en parle pas encore.

Les médecins sont donc inquiets et l'ébranlent malheureusement en lui rappelant les risques de métastases ou de rechute lors des rendez-vous. Comme si elle pouvait les oublier ! Pourtant, elle leur a clairement énoncé son choix de ne pas recevoir de traitements invasifs, mais après chaque visite au bureau médical, la peur et le doute refont surface et elle doit réaffirmer sa position pour retrouver ensuite la paix, ce qui lui prend plusieurs jours chaque fois.

---

5. Id. (quatrième de couverture).

Dans sa chambre, en regardant la nature, elle revient dans la prière et se calme. Elle médite et retrouve la confiance. Elle recherche la paix et désire ne plus être inquiète en permanence, ce qui est un gros défi avec son diagnostic. Nous passons également plusieurs moments en famille et chaque instant de bonheur avec ses petits-enfants qu'elle adore lui permet de nourrir sa joie et sa confiance.

La nature dans laquelle nous vivons l'aide également sans aucun doute à rester proche d'elle-même. Il est en effet plus facile de se détendre, de méditer dans un environnement de nature plutôt qu'en ville où les stimulus et distractions s'imposent. Elle marche quotidiennement avec mon père et contemple la nature à partir de sa chambre. Une grande porte vitrée lui permet de regarder les arbres de son lit. C'est son lieu de recueillement préféré.

La vie reprend donc son cours et elle fera même son voyage annuel en France avec mon père dès l'année suivant l'opération. Depuis leur installation au Québec, ils partent chaque année quelques semaines en France visiter mon frère, la famille restée là-bas et leurs amis. Ces retrouvailles sont importantes pour eux, car ils ont tout de même vécu presque soixante-dix ans dans les Alpes françaises.

Quatre ans plus tard

Depuis le début de l'été 2014, maman sent une gêne sur le plan de son intestin et l'infirmière stomathérapeute que nous avons jointe pour un problème cutané autour de la stomie confirme qu'un médecin doit évaluer cette sensation de pesanteur qu'elle a. L'inquiétude revient, car selon l'infirmière, ce bombement autour de la stomie peut être un signe de hernie[6] ou de tumeur... La peur du cancer ressurgit.

J'accompagne maman pour sa rencontre avec son médecin. Il désamorce ses craintes, car l'intestin est souple à la palpation et les résultats sanguins sont très rassurants: pour la première fois en quatre ans, les marqueurs tumoraux ont baissé. L'absence de douleur et de constipation contribue aussi à nous rassurer pleinement.

Le 25 août, mon papa fête ses 79 ans et nous organisons un petit souper familial. Maman ne mange presque pas. Elle a un peu de douleur aux intestins. Elle vit régulièrement des épisodes d'inconfort, c'est pourquoi nous ne nous inquiétons pas outre mesure. Les résultats sanguins des derniers mois sont rassurants ainsi que l'échographie abdominale qu'elle a passée récemment et qui n'a démontré aucune métastase au foie.

---

6. Hernie parastomale: on observe un bombement au pourtour de la stomie. La hernie est une saillie de l'intestin ou d'un autre organe dans l'ouverture de la musculature abdominale créée par la stomie.

Nous pensons toujours au risque de récidive de cancer. Rien d'autre ne nous semble plus grave. Je réalise en écrivant ces lignes à quel point nos pensées sont concentrées uniquement sur ce diagnostic.

Le 27 août 2014

Le 27 août restera gravé dans ma mémoire. Je pars faire une sortie à vélo à sept heures trente. J'ai besoin d'activité physique avant de me remettre à l'écriture pour finaliser un projet que je porte depuis de longs mois.

Pourtant, malgré mes bonnes intentions, je vais encore devoir reporter ce projet. Lorsque je rentre, je vais voir maman sans trop savoir pourquoi et je constate qu'elle souffre beaucoup. Elle veut aller à l'hôpital, car cette douleur proche de sa colostomie s'intensifie depuis la veille. Elle est calme, mais je la sens inquiète. Elle aussi repense à cette année 2010, l'année de ses 75 ans, l'année du cancer. Cette douleur lancinante au creux de son ventre ravive la peur de la rechute. Je l'accompagne sans imaginer que mon quotidien ne sera plus jamais le même après cette journée.

Je commence un nouveau chapitre de ma vie, mais pas du tout celui que je pensais écrire il y a encore quelques heures.

Il est dix heures lorsque nous arrivons à l'urgence de l'hôpital le plus près et où j'ai travaillé presque dix ans comme infirmière.

La salle d'urgence est pleine et il y a environ vingt personnes avant nous qui attendent pour rencontrer l'infirmière du triage. Maman s'assoit, car elle ressent une douleur abdominale de plus en plus intense près de sa colostomie. Plusieurs personnes semblent aussi mal en point et attendent patiemment. D'autres sont ici pour un simple contrôle et discutent entre eux. Une mère impatiente frappe à la fenêtre du cubicule de l'infirmière du triage, car son fils se plaint beaucoup et elle aimerait qu'il soit vu rapidement. « Madame, vous devez attendre votre tour. »

Maman souffre de plus en plus et son teint change. Je m'inquiète. Elle ne tient plus debout. Je me sens très seule dans cette salle : nous sommes à l'hôpital et nous ne recevons aucun soin, car il faut attendre !

Une infirmière passe pour voir si tout va bien dans la salle, puisque l'attente est longue. Lorsque je l'interpelle pour qu'elle constate la gravité de l'état de maman, elle acquiesce immédiatement et nous fait passer tout de suite dans le cubicule de triage. Maman sera immédiatement admise. Ouf !

Pourtant, le périple ne se termine pas encore. Être couchée sur une civière ne signifie pas qu'elle est évaluée tout de suite. Je suis éberluée de voir le médecin se diriger vers une femme, voisine de maman, et lui parler pendant plus de vingt longues minutes. Il essaie de découvrir ce qui se cache derrière ses maux de tête et un trouble de la vision. Je me répète que cette femme aussi souffre peut-être beaucoup et doit être terriblement anxieuse de perdre la vue.

Lorsque maman a des pics de douleur, cela semble intolérable pour elle ; elle « supplie » d'être soulagée, car elle n'en peut plus. Son teint devient grisâtre ; son état se détériore devant mes yeux. J'accroche pour la nième fois l'infirmière en la suppliant de l'évaluer et de la soulager, car il est midi et nous ne savons toujours pas ce qui se passe. Elle me répète qu'elle ne peut rien faire avant l'évaluation du médecin. Je me sens impuissante. Je suis à l'hôpital et je constate que maman pourrait mourir ici sans avoir été traitée ni soulagée. Je reste auprès d'elle et je harcèle l'infirmière régulièrement.

Je commence à réfléchir à ce qui peut créer une telle douleur : une occlusion intestinale[7] pourrait en être la cause. Après la chirurgie de 2010 et l'installation d'une colostomie, les tissus sont fragilisés, la cicatrice peut également s'affaiblir en cas de constipation ou d'effort trop important. Le risque gravissime d'une occlusion est une perforation de l'intestin et la libération de selles dans l'abdomen. Dans ce cas, la dissémination de l'infection doit être endiguée rapidement, sinon le pronostic est très sombre.

Je souffre avec ma mère, dont l'état semble s'aggraver à vue d'œil. J'ai peur. Je pleure d'impuissance. L'impression que ma vie bascule.

Lorsque le médecin vient, son évaluation est rapide : il peut à peine palper son abdomen tant la douleur est vive. Une dose de morphine la calme un peu. Elle est déjà moins présente, enfermée dans la souffrance. Elle part pour un *scanner* abdominal vers quinze heures et nous aurons les résultats vers dix-huit heures seulement !

Nous avons enfin un diagnostic : l'intestin est perforé. Il faut donc l'opérer en urgence, car le risque infectieux est grand avec la dissémination des selles dans son ventre depuis déjà plusieurs heures. Elle part au bloc opératoire à vingt et une heures, car toutes

7. Une occlusion intestinale est une obstruction, partielle ou totale, de l'intestin qui empêche le transit normal des matières fécales et des gaz. Elle provoque d'importantes douleurs abdominales sous forme de crampes (coliques), qui récidivent de façon cyclique, de ballonnements et parfois de nausées et de vomissements.

les équipes sont occupées en soirée. C'est une mauvaise journée pour être admis à l'urgence. Plus de onze heures se sont écoulées depuis notre arrivée à l'hôpital.

Mon père nous a rejointes avant qu'elle ne parte pour la chirurgie. Il est bouleversé par la tournure de la journée et nous rentrons chez nous pour la nuit.

Mon père tombe en état de choc

Très tôt, le lendemain matin, j'appelle l'infirmière qui s'occupe de Germaine. J'apprends que ma mère est aux soins intensifs en surveillance postopératoire. Elle va bien. Elle a bien supporté l'opération. Je pars avec mon père pour l'hôpital avec empressement. Nous y rencontrons la chirurgienne qui nous annonce que la perforation intestinale a été causée non pas par une récidive de cancer, mais par un fécalome[8].

Je suis très surprise… et je constate que je me sens soulagée. Ça n'est pas une récidive de cancer : il n'y a aucune trace de tumeur dans son abdomen. Je pensais innocemment que si le cancer disparaissait, rien de grave ne pouvait arriver. Je ne peux m'empêcher de sourire intérieurement à ce constat. J'ai ainsi peut-être minimisé les symptômes d'inconfort que maman vivait. Les marqueurs de cancer avaient diminué. Je la pensais guérie.

L'environnement des soins intensifs est impressionnant : elle a plusieurs solutés, un moniteur, des médicaments pour sa pression

---

8. Accumulation de matières fécales déshydratées et stagnantes dans la partie distale de l'intestin (dans le cas de Germaine, en amont de la stomie). Lorsqu'il n'y a pas de chirurgie rectale, l'accumulation se fait dans le rectum.

artérielle, des antibiotiques pour l'infection. Elle va bien à notre arrivée, sourit et ne paraît pas souffrante. Par contre, les membres de l'équipe constatent que sa respiration est plus laborieuse d'heure en heure et ils la surveillent de près. L'infection a-t-elle atteint ses poumons ? Nous ne savons pas vraiment ce qui se passe à ce moment-ci.

La chirurgienne nous explique qu'elle a dû effectuer un nettoyage de la cavité abdominale envahie par les selles et que la situation infectieuse est grave. Nous constatons que maman a de plus en plus de difficulté à respirer et une intubation, c'est-à-dire l'installation d'un tube dans sa trachée relié à un respirateur, sera peut-être nécessaire pour permettre une respiration plus profonde et efficace. Ma mère sera maintenue dans un coma artificiel pour supporter le respirateur. Le médecin des soins intensifs nous explique que cela permet au corps d'être bien oxygéné pour mieux gérer l'infection.

Tout à coup, papa se lève pour sortir alors que nous sommes en pleine conversation avec l'équipe. Je le suis. Il me dit qu'il a besoin d'air. Nous descendons au rez-de-chaussée et il est très pâle. Il s'assoit sur un banc, mais il ne parvient pas à retrouver une respiration adéquate. Il sent son estomac se nouer et il ne peut pas relâcher cette tension. Tout à coup, je le vois se raidir sur le banc, son teint est grisâtre, ses yeux se révulsent. Je crie, je demande à un jeune homme de m'aider pour qu'il ne tombe pas et il parvient à amortir sa chute. Son corps est raide, ses yeux sont fixes. Je suis en état de choc. Il ne semble plus respirer. Nous ne sentons plus son pouls. J'entre comme une folle dans l'hôpital, je hurle et je demande de l'aide et, en moins d'une minute, le code d'urgence est lancé et l'équipe médicale est autour de mon père.

C'en est trop pour moi ! Je ne parviens pas à intégrer ce qui se passe. Je suis seule, ma mère est aux soins intensifs et je crains à cet instant que mon père ne soit mort.

J'ai besoin de parler à quelqu'un. Je suis totalement incapable de gérer le flot d'émotions qui me submerge et je ne peux pas retourner voir mon père. J'ai très peur. Je revois en boucle l'image de son corps qui tombe inanimé. La mort me rend visite depuis deux jours et je ne suis pas préparée à cela.

Après avoir pris un temps pour respirer et me calmer, je retourne vers la salle où mon père est installé et je constate qu'il va très bien. Il s'excuse et me sourit. Il veut rentrer à la maison, car il va bien ! Le médecin m'explique qu'il a fait un choc vagal relié au stress.

Il va de mieux en mieux, mais le monitorage cardiaque indique que son cœur bat à quarante battements par minute, ce qui est encore un peu lent pour les médecins. Je leur explique que c'est habituel pour lui et que, grâce à ce rythme très lent, il a été un cycliste hors normes pendant des années. Nous comprenons que c'est aussi la cause de son choc vagal. Un tel choc se produit lors d'une stimulation excessive du nerf vague qui part de l'estomac et se rend jusqu'au cerveau en passant par le cœur et il sert à le ralentir dans certaines situations. Lors d'une forte émotion ou d'un stress, comme celui qu'a vécu mon père, ce système s'active. Il ralentit la fréquence cardiaque et diminue la tension artérielle. Le transport de l'oxygène au cerveau et aux autres organes vitaux s'en trouve perturbé, ce qui peut entraîner des nausées, des vertiges, mais aussi l'évanouissement. Dans son cas, la perte de conscience a été très brève, mais très spectaculaire. Je savais qu'il avait déjà eu des malaises en périodes de grand stress, mais je n'y avais personnellement jamais assisté. Ma mère m'avait raconté que c'était impressionnant. Dans l'état de stress dans lequel j'étais, je n'avais pas la capacité d'absorber ce choc et d'être efficace.

Un peu plus tard, Claude m'explique que, lorsque le médecin a décrit la chirurgie pratiquée sur maman et comment son abdomen fut nettoyé avec un jet d'eau stérile, l'image a été trop intense pour lui. Il a réalisé à cet instant la gravité de l'intervention et son plexus gastrique s'est noué.

Le jeune homme que j'ai apostrophé pour m'aider à retenir la chute de mon père se trouvait à côté de moi au bon moment. Il a retenu mon père et a évité qu'il s'assomme en tombant. Lorsque je le croise, quelques heures plus tard, il me prend dans ses bras et me sourit, rassurant, alors que je m'excuse d'avoir perdu le contrôle. Il me confirme que lui aussi a eu très peur lorsqu'il a constaté qu'il ne sentait plus son pouls. Mais il est resté plus calme que moi et il était surtout grand et fort et a pu le retenir dans sa chute. J'ai eu de la chance, car ce jeune homme qui attendait pour être vu à l'urgence était en apprentissage pour devenir pompier, ce qui explique son calme et son efficacité. De mon côté, j'étais trop stressée depuis la veille et je «remercie» de l'avoir eu à mes côtés ce jour-là. Car, si l'évanouissement est temporaire lors d'un choc vagal, c'est la chute qui est souvent dramatique à cause des risques de blessures à la tête.

L'état de ma mère se détériore

Je ramène mon père à la maison après cet épisode afin qu'il se repose et récupère.

De retour aux soins intensifs, l'équipe m'avise que l'état de maman se détériore et qu'il faudra certainement procéder à l'intubation ce soir, car elle éprouve de plus en plus de difficultés respiratoires. Nous étions si heureux qu'elle ait bien supporté la chirurgie que nous n'avions pas envisagé, encore une fois, qu'il y ait d'autres conséquences possibles. Elle a presque quatre-vingts ans et ce genre d'opération reste lourd pour un organisme de cet âge, même si elle est relativement en forme. En soirée, elle respire difficilement, du liquide commence à envahir l'un de ses poumons, sa tension artérielle est très basse alors que son rythme cardiaque est trop élevé. Son corps est en choc septique[9] et elle a du mal à

9. Un choc septique est une diminution brutale de la circulation sanguine faisant suite à des frissons accompagnés d'une hyperthermie (élévation de la température) causée par une infection bactérienne. C'est le résultat de la présence dans le sang de toxines bactériennes, ce qui aboutit à une insuffisance de fonctionnement cardiaque [www.vulgaris-medical.com/encyclopedie-medicale/choc-septique] – consulté en mai 2015.

« faire face ». En effet, la perforation intestinale était très avancée au moment de son opération et elle présentait une péritonite fécale[10] très grave. Malheureusement, malgré la toilette péritonéale effectuée lors de l'opération et les antibiotiques, l'infection s'est répandue dans tout son organisme et son sang. Ses organes se fatiguent et le médecin propose l'intubation pour une meilleure oxygénation et pour soulager son cœur en permettant ainsi au corps de mieux gérer l'infection qui l'a envahi. Plusieurs organes souffrent actuellement. On nous parle de quelques jours sous respirateur. Elle sera maintenue endormie pour ne pas souffrir et ne pas lutter contre la machine.

C'est un nouveau choc. Nous réalisons la gravité de la situation et les conséquences possibles sur son organisme affaibli. Maman est très abattue le soir et accepte l'intubation facilement. L'équipe est formidable et lui donne toutes les explications pour la préparer aux procédures. Tout se passe très vite, sans douleur pour Germaine, et elle semble s'abandonner facilement aux soins. La machine est installée et maman est alors plongée dans un coma artificiel pour ne pas lutter et pour laisser son corps être bien oxygéné. Elle devrait rester sous respirateur trois ou quatre jours environ, le temps qu'elle se stabilise.

---

10. La péritonite fécale est une inflammation du péritoine, membrane qui enveloppe tous les organes abdominaux, causée par une infection. Elle se traduit par différents symptômes, dont une douleur abdominale intense, des vomissements, de la fièvre, [www.larousse.fr/archives/medical/page/754] – consulté le 21 mai 2015.

Une semaine aux soins intensifs

J'appelle mon amie Ginette à la rescousse après l'épisode de mon père et l'intubation de ma mère, car je me sens vraiment dépassée. Ma fille vit et travaille à Montréal et mon plus jeune fils n'a que dix-huit ans. C'est beaucoup pour lui qui a déjà perdu sa grand-mère paternelle il y a seulement quelques mois. Notre famille au Québec est toute petite, mais j'ai quelques amis sur lesquels je peux compter et Ginette est très proche de moi, comme une sœur. Je l'ai rencontrée il y a quelques années alors qu'elle s'inscrivait à la formation que je donnais pour devenir « accompagnante à la naissance[11] ». Depuis, nous avons créé des liens solides et elle fait un peu partie de ma famille.

Nous nous relayons pour qu'il y ait toujours quelqu'un dans la chambre et avec mon père. Depuis sa syncope, je ne veux plus qu'il vienne seul aux soins intensifs. Nous passons nos journées à l'hôpital et nous avons pris, Ginette, ma fille et moi, des journées de congé pour être présentes auprès de maman continuellement. Je rencontre les médecins tous les matins, car son état est instable. Ils m'expliquent chaque jour ce qui se passe, leurs choix de traitement.

11. Une accompagnante à la naissance offre un soutien non médical avant, pendant et après l'accouchement. C'est un complément au suivi médical [www.centrepleinelune.com].

Nous avons une grande confiance en cette équipe qui prend le temps de nous « intégrer » et de nous donner toutes les explications nécessaires à une bonne compréhension de leurs soins. Chaque jour apporte son lot d'inquiétudes, car le corps de Germaine est en choc et plusieurs organes ne fonctionnent plus de façon efficace.

Dans cette unité qui n'est pas, a priori, la plus propice à l'intimité, nous essayons de maintenir une ambiance sereine et calme autour de maman tandis que l'équipe médicale s'active pour lui donner les meilleurs soins.

Un iPod est installé dans la chambre pour qu'elle soit bercée en continu par une musique douce qui couvre les sons des multiples appareils de surveillance. Mes enfants ont préparé un enregistrement de musique relaxante et l'effet est immédiat dans la chambre : tout le monde sent le calme qui s'installe grâce à cette ambiance musicale.

Germaine est maintenue endormie et reçoit de nombreux médicaments pour soutenir tous ses systèmes défaillants. Son poumon droit ne fonctionne presque pas. Est-ce qu'une pneumonie s'ajoute à la longue liste des problèmes ?

Nous lui massons les mains et les jambes plusieurs fois par jour avec de l'huile essentielle de lavande. Il est important pour nous de prendre soin d'elle et de lui offrir cette ambiance agréable sans savoir si elle en a conscience. Tout le monde en bénéficie et ce parfum de lavande qui flotte dans la chambre calme tous ceux qui y entrent et leur fait du bien. Nous lui parlons, nous l'aimons, nous l'accompagnons sans savoir ce qui se passera dans les prochaines heures. Elle a de l'œdème sur tout le corps et nous ne la reconnaissons presque plus, elle qui était très mince.

Nous nous installons régulièrement, avec Ginette, pour méditer auprès d'elle. Assises, les yeux fermés, nous tentons de faire taire nos inquiétudes et questionnements et de laisser le calme s'installer en nous. Cesser de réfléchir, ne pas projeter de scénarios, être là avec elle et entrer en contact avec notre amour pour elle, avec notre confiance et notre acceptation profonde de ce qui se passe. Nous n'avons pas de contrôle sur l'évolution de son état, mais nous pouvons lui offrir un environnement de paix et de calme.

Pendant ces moments privilégiés, nous sommes bercées par un grand bien-être qui peut sembler contradictoire avec la situation et le lieu. Pourtant, nous ne sommes pas les seules à sentir cette énergie de paix, car les infirmières entrent à pas feutrés et nous disent que c'est très agréable de travailler dans cette chambre. Nous prenons l'habitude, tous, de maintenir la paix et le calme lors de nos visites. Nous ne discutons jamais au chevet de maman des soins ou des angoisses et des questionnements qui nous assaillent parfois.

Nous avançons au jour le jour, malgré la tristesse, la peur de ce qui peut arriver, le doute et les multiples interrogations quant à son état.

Elle est sous calmants à haute dose pour supporter la machine et le tube pour respirer. Où est-elle ? Qu'entend-elle ? Souffre-t-elle ? Nous avançons à tâtons en osant croire qu'elle continue de vivre quelque part malgré la morphine qui la coupe de nous physiquement.

Les infirmières accueillent avec bienveillance notre présence continue auprès d'elle. Les soins sont toujours très intenses. Tous ses systèmes sont débalancés et je suis très perplexe devant les multiples interventions.

En 2010, lors de l'annonce du cancer, elle a refusé des traitements trop invasifs et leurs effets secondaires, qu'elle craignait beaucoup. À cette époque, elle préférait mourir chez elle, bien entourée, et refusait une hospitalisation prolongée qui la maintiendrait en vie, mais sans aucune qualité de vie. Je me retrouve dans un questionnement sans fin depuis son hospitalisation. Quand est-ce que les traitements ne sont plus efficients et que l'on tombe dans l'acharnement thérapeutique ? Personne n'a la réponse. Cela dépend de la condition médicale, de l'âge et des valeurs du malade, mais il est difficile de faire un pronostic et d'évaluer son évolution aux soins intensifs. Je rencontre quotidiennement le médecin responsable des traitements afin que nous fassions les meilleurs choix pour maman, en accord avec ses valeurs.

Mon père vient tous les jours, lui parle, la touche, lui caresse le front. Il lui tient la main puis repart chez lui, seul, faire son repas, ses courses, son quotidien. Il est bouleversé de la voir dans cet état. Il a peur de la perdre et ne peut imaginer la vie sans elle à ses côtés. Il me dit qu'il est prêt à tout, qu'il s'en occupera quoi qu'il se passe. Il est touchant et bouleversant. Il aime profondément cette femme avec qui il partage sa vie depuis plus de 55 ans.

Je découvre mon père dans une grande vulnérabilité. Il pleure, il ne veut pas la perdre. Il se laisse aller, lui aussi, à partager ses émotions. Il ne retient plus rien. La cuirasse de l'homme fort qui a soutenu sa famille toute sa vie se fissure et il devient tendre et touchant.

Il me confie la tâche de parler avec les médecins tous les jours. Sa confiance est totale. Il ne résiste pas du tout lorsque je lui rappelle les souhaits de maman et sa peur de rester invalide et dépendante, lors de sa première opération, en 2010. Il accepte peu à peu de ne pas s'acharner si elle semble partir.

Deux jours après l'installation du respirateur, je signe un objectif de soins avec le médecin responsable. Il est écrit que maman recevra les traitements nécessaires afin de guérir, maîtriser et prévenir tout ce qui peut l'être simplement avec un minimum d'inconfort pour elle. Il est également précisé qu'elle ne sera pas réanimée, si jamais son cœur défaille, ni réintubée, si nous la sevrons du respirateur et qu'elle ne parvient pas à respirer seule.

Cette étape de nommer une limite dans l'intensité des soins n'a pas été facile à franchir. En même temps, je me sens soulagée de ne pas maintenir maman en vie à n'importe quel prix selon son évolution, toujours préoccupée de respecter ses valeurs et sa qualité de vie et intuitivement convaincue que c'est ce qu'elle désire toujours.

Intuition et perception

Je suis en questionnement continu depuis que maman est hospitalisée. Que désire-t-elle maintenant ? J'essaie d'avancer au quotidien en fonction de ce que je connais d'elle et de ses décisions antérieures. Mais comment savoir exactement où elle en est et ce qu'elle désire maintenant ?

Elle est maintenue en vie grâce à tous les soins qu'elle reçoit et nous réévaluons chaque jour la situation. L'équipe me parle d'espoir et de possibilité de récupération malgré ses 79 ans et cette infection qui ne se résorbe pas. Je suis très préoccupée par l'intensité des soins et son état toujours instable. Je continue, avec Ginette, de privilégier des moments auprès d'elle, dans le calme. Mon agitation mentale a besoin de ces moments, car je ne peux pas prendre une décision éclairée dans cette fébrilité intérieure.

Malgré le stress, m'installer à ses côtés me calme énormément. Nous sentons sa présence, nous ressentons beaucoup d'amour. C'est très paradoxal, mais tellement apaisant.

Le samedi matin, nous sommes toutes les deux auprès de Germaine, sans parler, et la musique nous berce. Ginette sent qu'elle est prête à mourir, mais qu'elle est retenue. Elle n'ose pas partager, dans un premier temps, ce qu'elle perçoit.

Lorsque mon père et ma fille arrivent, ils sont tristes. Mon père est accablé de la voir encore dans cet état. Nous sommes tous autour d'elle, sans rien dire, mais l'ambiance est lourde, chargée de peine. Ginette finit par leur dire ce qu'elle entend intérieurement. « Germaine vous demande de la laisser partir. » Ce qui est le plus surprenant, c'est que ni mon père ni Juliette ne trouvent ses paroles déplacées et, les larmes aux yeux, ils acquiescent. Ils s'assoient auprès de maman, lui prennent une main et promettent de la laisser aller, même s'ils ne savent pas vraiment comment faire. Quelque chose s'allège dans la chambre. Ce moment est extraordinaire et un peu surréaliste dans notre semaine aux soins intensifs. Il ne faut pas oublier que Germaine est encore sous respirateur et inconsciente.

Je ne suis pas au bout de mes surprises. Je crois que nous sentons tous la paix qui enveloppe ma mère et cela nous a permis d'accepter ce message qui s'adresse à notre cœur.

L'émotion est palpable et les larmes coulent. Nous sommes tristes parce que nous l'aimons, mais sentir ce contact si intime avec elle est bouleversant et précieux. C'est pour moi une expérience hors du commun.

Papa est extrêmement ému. Il accepte de la laisser aller. Il dit qu'il a besoin de temps, car c'est beaucoup pour lui, mais il accepte.

Le lendemain, Ginette, qui est aussi accompagnante à la naissance, est de garde pour un accouchement. Un couple qu'elle accompagne l'a appelée pendant la nuit, car les contractions de la mère ont débuté. L'accouchement se prépare et les futurs parents appelleront Ginette avant de partir pour la maison de naissance. Très tôt, le matin, elle les rejoint, car le travail s'est installé de façon plus intensive. Par chance, l'accouchement est très rapide. Tout est parfait. Ginette ne sera pas absente longtemps de l'environnement de maman.

La naissance côtoie la mort. Nous partageons alors la beauté de ces passages si semblables. Après s'être reposée, Ginette me rejoint en soirée à l'hôpital. Les soins médicaux continuent, mais nous sommes convaincus maintenant que Germaine est prête.

Nous voulons prendre soin d'elle et l'accompagner, faire un rituel. Ginette a une huile essentielle de rose dans son sac, mais elle me dit qu'elle est périmée. Son odeur a changé. C'est la seule que nous avons, alors nous décidons de l'utiliser malgré tout. Nous sommes très surprises de constater que lorsque nous l'appliquons sur la peau de maman, un parfum puissant et frais se dégage et va persister les jours suivants. Nous sommes troublées encore une fois.

Nous sommes des accompagnantes et nous savons que l'ambiance autour d'une personne en épisode vulnérable est très importante. Intuitivement, nous protégeons son espace afin qu'elle se sente en sécurité. Mes années de pratique en salle d'accouchement m'ont permis de comprendre que pour permettre la naissance, une femme doit avant tout se sentir en sécurité. Lorsque je travaillais aux soins palliatifs, ce sentiment de sécurité m'était familier aussi dans l'accompagnement des personnes en fin de vie. Quelle que soit la situation qui réclame un lâcher-prise, toute personne, malade ou non, ne peut pas se laisser aller si elle est inquiète ou stressée. C'est pourquoi l'environnement est si important. Les unités de soins palliatifs ont été créées afin de permettre une présence continue auprès des malades en fin de vie dans un environnement chaleureux. L'amour des personnes présentes est primordial. Cela signifie aussi que les accompagnants doivent accepter de laisser leur être cher partir lorsqu'il est prêt.

Dans cette unité de soins intensifs, nous nous permettons de protéger l'environnement de la chambre de ma mère en maintenant une ambiance de paix et en y méditant régulièrement. Nous nous occupons ainsi de l'espace auquel les soins médicaux ne touchent pas. Chaque fois que la famille se réunit dans la chambre, tout le monde est attentif à maintenir cette paix et aucune discussion n'est entretenue autour du lit. Nous parlons des points importants et des choix dans un salon à la disposition des familles ou chez nous, le soir.

Je dois aussi m'occuper de la famille en France, mon frère ainsi que mes tantes et oncles. Je ne veux pas les inquiéter outre mesure, mais je dois les tenir au courant. Les deux sœurs les plus proches de ma mère sont très croyantes et m'assurent qu'elles prieront pour elle de la France. C'est délicat avec mon frère, car il est très sensible au stress et je ne veux pas le déstabiliser. Je le prépare en douceur à accepter que maman puisse mourir dans les prochains jours.

La fin des soins actifs

Cela fait cinq jours que Germaine est intubée et respire avec l'aide d'une machine. L'équipe décide de diminuer les doses de narcotiques afin de lui permettre de s'éveiller et de retrouver son réflexe respiratoire.

Mais elle reste somnolente et ne parvient pas à prendre le relais de son respirateur de façon efficace. Son poumon droit est toujours peu fonctionnel et l'équipe craint une pneumonie. Le médecin nous confirme que la somnolence qui perdure est possiblement causée par les doses importantes de narcotiques reçues pour la maintenir sous respirateur. Il désire tout de même éliminer la possibilité d'un accident vasculaire cérébral.

Nouveau choc ! Les mauvaises nouvelles se succèdent et j'ai de la difficulté à rester calme devant cette autre probabilité d'aggravation. Pourtant, la meilleure attitude est d'attendre le résultat du *scanner* cérébral avant de me projeter dans des scénarios dramatiques. Le soutien de mes amis et de ma famille me permet de ne pas paniquer malgré les émotions qui se bousculent.

Nous décelons un léger mouvement de tête en soirée lorsque son mari lui parle. Puis, elle essaie d'ouvrir les yeux. Rien de plus.

L'équipe médicale nous encourage à garder confiance. J'essaie d'avoir des réponses concrètes des médecins à toutes ces questions qui me hantent encore. Quelles sont les réelles possibilités de guérison sans séquelles ? À son âge, les risques sont plus élevés et la récupération plus difficile. Pourra-t-elle retrouver son autonomie et retourner vivre chez elle ? Maman m'a souvent répété, depuis quatre ans, qu'elle ne voulait surtout pas finir ses jours diminuée et dépendante, dans un centre hospitalier.

Avec Ginette, nous continuons de l'accompagner quotidiennement. Maman veut-elle vivre ou préfère-t-elle partir comme Ginette nous l'a transmis ? C'est pour moi une situation extrêmement intense : je désire l'accompagner en respectant ce que je sens être le plus juste pour elle, au-delà de mes propres croyances, de mes peurs et de mes besoins. Mes moments de méditation auprès d'elle me permettent de me mettre à l'écoute de ce que je sens à l'intérieur de moi. Je suis intimement persuadée qu'elle ne désire pas continuer ainsi, maintenue en vie par un respirateur et de nombreux traitements.

Je commence à trouver difficile de voir les soins s'intensifier : elle reçoit une transfusion sanguine, de l'insuline, un gavage par une sonde gastrique installée dans son estomac, des médicaments pour la pression artérielle, des antibiotiques… Ses plaies abdominales sont infectées et elle présente toujours beaucoup d'œdème généralisé. Puis, son corps ne tolère pas le gavage, qui doit être arrêté. J'ai l'impression qu'elle n'en peut plus.

Ou est-ce moi qui n'en peux plus ?

Le *scanner* cérébral de contrôle s'avère normal. Sa difficulté à se réveiller est donc reliée à la quantité de drogues reçues au cours de la semaine et non à un accident vasculaire cérébral. C'est une bonne nouvelle. Mais elle ne déclenche toujours pas spontanément le respirateur par elle-même, ce qui signifie qu'elle ne respire pas de façon autonome. L'équipe a ajusté la machine afin d'observer ses tentatives de respiration. Pour l'instant, son réflexe est à peine perceptible, donc pas assez efficace pour prendre le relais de la machine.

Le mercredi 3 septembre, nous avons une nouvelle rencontre avec le médecin, ma fille et Ginette. Nous évaluons la situation ensemble et décidons de changer encore une fois de niveau de soins et de passer aux soins de confort, ce qui signifie l'arrêt des soins actifs. Nous maintenons le confort par tous les moyens, mais nous n'administrons plus aucun traitement curatif. Ce choix implique aussi l'absence de réanimation si sa situation s'aggrave.

Ce n'est pas une décision facile à prendre.

Les familles de personnes hospitalisées doivent faire face à des choix déchirants et certaines se disputent en s'accusant de vouloir mettre fin aux jours de l'être aimé ou de vouloir prolonger un état qui ne respecte pas les désirs du malade. La ligne est mince en effet et la culpabilité est vite au rendez-vous. Mais l'équipe médicale est là pour nous soutenir dans nos choix et éviter tout dérapage.

Prendre la décision de débrancher le respirateur

Choisir de stopper les soins actifs signifie que nous allons la sevrer de son respirateur. J'étais avec ma mère lorsqu'elle est partie en salle d'opération, dans un état infectieux gravissime. Une semaine plus tard, son état est à nouveau critique et nous avons à nouveau un choix difficile à faire.

Je porte cette décision de la sevrer du respirateur avec un peu d'angoisse. Nous sommes tous bouleversés, mais en accord. Mon père n'a pas assisté à la réunion du matin, car il est trop fragile et il s'en remet à notre jugement. Il a une grande confiance en sa petite-fille qui avait préparé une liste de questions précises pour le médecin afin que nous puissions faire le choix le plus éclairé possible. Chaque point a été évoqué et le médecin a pris du temps pour que la situation soit bien claire pour nous.

Prendre cette décision en restant connectée aux besoins de ma mère a été l'un des moments les plus difficiles pour moi dans cette expérience. Il se peut qu'elle meure. Il se peut qu'elle ne reprenne pas connaissance… Toutes sortes de scénarios se déroulent dans mon esprit. Ai-je pris la bonne décision ? Heureusement que les membres de cette équipe sont très respectueux de nos choix et nous laissent le temps de réfléchir ensemble, sans nous culpabiliser. Ils sont conscients des enjeux de la maladie de Germaine et de son âge.

En soirée, le médecin parle à maman qui est enfin un peu plus éveillée et elle confirme par un signe de tête qu'elle est d'accord pour l'extubation. Ils enlèveront donc le tube, installé directement dans sa trachée, qui la relie au respirateur. Il faut tout de même attendre l'anesthésiste qui est responsable des patients sous respirateur. S'il estime que c'est prématuré ou inadéquat, il peut refuser.

Je suis impressionnée par le calme qui émane de ma mère. Moi qui l'ai connue facilement anxieuse et inquiète, je la trouve vraiment zen alors qu'elle vit une situation extrême. Elle écoute le médecin lui expliquer ce qu'il fera, puis elle nous regarde et acquiesce sans aucune manifestation d'angoisse. Je suis troublée. J'ai l'impression d'avancer sur un chemin que je ne reconnais plus.

Sans nous prévenir et sans savoir où nous en sommes dans nos réflexions et choix de traitements, mon fils arrive à ce moment précis aux soins intensifs. Il a été très bouleversé par l'hospitalisation de sa grand-mère et est resté plutôt discret depuis le début. C'est la première fois qu'il entre dans l'unité de soins intensifs et c'est certainement impressionnant pour lui de voir sa grand-mère reliée à une machine pour respirer avec ces multiples fils et tubes sur son corps.

Ginette prend des photos et, si cela me dérange un peu sur le moment, nous en apprécierons tout le bénéfice par la suite. Revoir ces images est extrêmement touchant et important. Nous ressentons l'intensité du moment et la paix qui habite Germaine.

Nous lui offrons notre amour. Nous lui disons adieu intérieurement, car nous ne savons pas ce qui se passera.

Germaine nous regarde et répond en faisant signe avec sa tête lorsque nous lui expliquons les procédures d'extubation. Elle respire très faiblement par elle-même : le respirateur est réglé pour la laisser travailler seule, mais sa respiration n'est pas très efficace et nous ne savons pas si elle survivra à l'arrêt de cette machine. Nous lui parlons, nous la caressons, l'émotion est palpable. Elle est calme, semble presque sereine, non souffrante. C'est très beau de la voir à la fois si fragile et si présente.

Dès que l'anesthésiste donne son accord, l'extubation a lieu. Je reste avec l'équipe, alors que mes enfants, Ginette et mon père attendent à l'extérieur de la chambre. Tout se passe très rapidement. Elle est très calme et respire assez bien. Sa saturation en oxygène est faible, mais elle ne peine pas à respirer et n'est pas en détresse. Nous sommes soulagés.

N'ayant plus son tube dans la trachée, elle recommence à parler un peu d'une voix très faible et répond à nos questions par des signes de tête. Elle est encore très calme. Un peu plus tard, elle demande spontanément à l'infirmière, sans que nous en ayons parlé préalablement avec elle, d'enlever les tubes qui restent. Elle dit clairement : « Je ne veux plus de traitements. » Dans la continuité de ce que Ginette nous avait transmis et de ce que je ressentais moi-même, elle manifeste sans ambiguïté son désir d'arrêter les soins.

Elle ne pose aucune question sur sa situation médicale, elle veut mourir. Cette décision est un autre moment intense de la semaine. Elle ne semble pas avoir peur ni être souffrante. Je suis étonnée et soulagée en même temps. Elle confirme notre décision et pourtant nous n'en avons pas parlé de vive voix à son chevet. Cette confirmation m'apporte personnellement beaucoup de paix.

Nous parlons peu. Elle est faible et fatiguée. Nous décidons, avec ma fille et Ginette, de passer la nuit auprès d'elle. Nous lui avons laissé simplement une sonde urinaire pour son confort.

L'accompagnement vers son dernier passage

Toute la nuit, nous restons auprès d'elle et nous l'encourageons à se laisser aller. Ginette lui propose souvent de se déposer dans les bras de Dieu. Cette image lui parle certainement, car ma mère est croyante et, pour elle, Dieu est dans l'au-delà.

Nous sommes autour d'elle, nous l'accompagnons avec amour. Nous lui offrons la sécurité qui nous semble importante dans ce dernier passage. Elle ouvre de temps en temps ses yeux comme pour vérifier si nous sommes toujours là et nous demande si elle peut y aller. Nous l'encourageons à se laisser aller et à partir.

Elle dit par moments qu'elle voudrait rentrer à Val-David, notre village de résidence. Je lui explique qu'elle ne le peut pas pour l'instant. Je la sens un peu contrariée.

Sa saturation en oxygène diminue progressivement, mais elle ne semble pas avoir peur, elle ne s'étouffe pas et sa respiration est très paisible. Elle nous surprend aussi avec son teint toujours clair et rosé. Dès qu'elle bouge ou ouvre un œil, nous sommes auprès d'elle pour bien l'entendre et la rassurer sans relâche.

Nous l'accompagnons sans savoir quelle sera l'issue. Nous pensons à ce stade-ci qu'elle partira. Mais que vit-elle ? Que ressent-elle ?

Je reste à l'affût et j'observe des signes qui pourraient dénoter des souffrances éventuelles.

Ginette se lève souvent et lui parle, la rassure, semblant répondre à des questions que je n'entends pas. Elle lui répète souvent que tout est parfait. Même si je n'entends pas ce qu'elles partagent, je me laisse bercer, car je désire avant tout que ma mère fasse son passage en paix. Ça n'est pas si important pour moi de ne pas tout comprendre ce qui se passe entre elles.

Maman semble déjà loin par moments puis elle revient, ouvre ses yeux comme pour vérifier que nous sommes toujours là. Elle est calme, ne manifeste aucune peur, aucune douleur.

Le lendemain matin, Josy, une amie, vient nous relayer à son chevet pour que nous nous reposions après cette nuit de veille. Il est difficile de la quitter, car, curieusement, nous sommes dans un état de bien-être tant que nous sommes auprès d'elle. Je fonds dans cet accompagnement et je me laisse guider par ma mère qui nous fait goûter à cette énergie de paix dans laquelle elle semble installée.

A priori, je pensais qu'il ne serait pas possible de vivre de tels moments dans une unité de soins intensifs. Or, depuis que maman est hospitalisée, nous sentons beaucoup de respect de la part de l'équipe. La veille, les infirmiers de nuit nous ont rencontrées à leur arrivée en nous disant qu'ils ne voulaient pas nous déranger et qu'ils nous laissaient les appeler si nous avions besoin d'eux. Nous sommes touchées de cette attention, comme s'ils ressentaient aussi le sacré de ce moment et notre besoin d'intimité. Je pleure le départ de ma mère et je me sens en même temps enveloppée par la grâce de ce que nous vivons à ses côtés.

Ce matin, l'équipe des soins intensifs transfère le dossier de maman aux soins palliatifs. C'est un passage important, car cela signifie qu'elle est en fin de vie et que l'équipe estime qu'elle mourra prochainement. Nous quittons définitivement la sphère des soins actifs. C'est bouleversant pour nous tous.

Elle n'a plus de cancer, mais l'équipe des soins palliatifs a quand même accepté de la prendre en charge afin de l'accompagner dans ses dernières journées ou semaines, car personne ne peut faire un pronostic exact du temps qu'il lui reste. Le nouveau médecin responsable vient la voir ce matin-là pour évaluer ses besoins et vérifier qu'elle comprend bien ce que signifie son transfert dans cette nouvelle unité. Josy me transmet que maman ne semble pas du tout inquiète lorsque le docteur lui explique que, s'il l'accepte dans l'unité de soins palliatifs, c'est qu'il est persuadé qu'elle est en fin de vie et il l'aidera à vivre ce passage le plus sereinement possible et sans souffrir. Le message est sans ambiguïté, tout comme la réponse de Germaine. Elle se dit prête.

Elle doit malgré tout rester dans son lit aux soins intensifs car il n'y a pas de place disponible aux soins palliatifs. En attendant, le médecin viendra la voir quotidiennement. Par la suite, il lui propose un protocole avec différents médicaments et analgésiques pour la soulager au besoin. Après le départ du médecin, maman répète à Josy son désir de mourir. Par chance, notre amie a déjà accompagné de nombreuses personnes en fin de vie, elle est donc à l'aise dans sa présence auprès de ma mère qui verbalise son désir de partir.

– Nous sommes juste de passage, ici, nous mourrons tous. Je suis prête à partir, j'ai fait mes adieux et je souhaite que tout le monde se débranche de moi, lui répète maman calmement.

Elle mentionne aussi que sa petite-fille Juliette est très intelligente, que c'est elle qui a apporté ce foulard rose qu'elle a sur elle. Elle ajoute :

– Téo, mon petit-fils, est très courageux et Isabelle...

Josy me transmet qu'elle s'arrête alors, émue, et qu'elle n'est pas capable de continuer. Elle répète mon nom quelques fois, mais n'en dit pas plus.

– Il faudra s'occuper de mon Claude et il faudra l'aider pour qu'il accepte de me laisser partir. Vous direz merci à Ginette... Et vous, je n'arrive pas à me souvenir de votre nom...

– Josy.

– Merci, Josy, pour votre écoute. Vous êtes quelqu'un de spécial... J'ai souffert ces derniers jours à Sainte-Agathe... J'aimerais voir mes sœurs... Je dis merci à tout le monde.

Puis, elle ferme les yeux et s'endort. Un peu plus tard, elle se réveille et répète dans un murmure :

– Le temps est venu. Je veux partir.

Elle est somnolente le reste de la journée, mais ne semble pas souffrante.

Nous prenons, avec Ginette, le relais de Josy après avoir dormi quelques heures. L'ambiance dans la chambre est calme malgré la tristesse qui nous envahit quant à l'imminence de sa mort.

Plus tard, dans la journée, elle parle de testament et de messe. Nous n'y accordons pas trop d'attention sur le moment. Je crois que nous n'avons pas encore tout à fait intégré qu'elle se prépare à mourir.

Lorsque mon père et ma fille repassent la voir en fin de journée, elle leur demande clairement de la laisser partir. Mon père est bouleversé et proteste un peu en disant qu'il est prêt et qu'il ne la retient pas. Il est assis à côté d'elle, des larmes plein les yeux, et lui caresse la main. Elle répond en le regardant tendrement dans les yeux :

– Non, c'est faux, tu ne me laisses pas partir ! Laisse-moi vraiment partir.

Son calme et ses propos nous bouleversent, car je crois que nous nous attendions à plus de résistance de sa part. Elle semble plus préoccupée par ce que vit son mari que par sa propre situation. Accablé, papa acquiesce et semble, cette fois, réellement accepter de la laisser aller. Un mouvement de relâchement dans ses épaules me prouve qu'il vient de lâcher prise malgré sa peine. C'est son ultime preuve d'amour. Accepter de la laisser partir.

Nous sommes tous sans voix, émus, car nous sentons que ce qui se passe en cet instant est assez extraordinaire. Maman ferme ses yeux et semble soulagée par la réelle acceptation de son mari.

Lui est très ému et la caresse tandis qu'elle semble s'abandonner, les yeux fermés.

Ce moment est si intense pour nous tous que le temps semble suspendu. Nous sommes tristes, mais nous sommes surtout submergés par la beauté et l'amour qui envahissent cette chambre. Une femme se prépare à mourir et, par sa présence et son calme, elle nous permet de vivre un moment extraordinaire. Elle ne semble nullement inquiète ou même apeurée par rapport à la mort.

Cet épisode me rappelle une expérience vécue lorsque j'étais infirmière en soins palliatifs. Une femme en fin de vie nous semblait clairement partir par moments puis revenir, rouvrir les yeux. Sa famille se désespérait de son départ. Ses enfants ne voulaient pas qu'elle meure. Un jour, elle reprend conscience et explique d'où elle revient, que c'est magnifique, qu'elle y est très bien et que des êtres chers sont là pour l'accueillir. Elle rassure les membres de sa famille pour qu'ils acceptent de la laisser partir, mais leur chagrin est si grand qu'ils n'entendent pas. Cette femme est finalement partie après quelques jours. Elle a attendu que ses enfants soient prêts. Elle ne souffrait pas et ne parlait que de lumière et de bonheur là où elle allait.

La visite du prêtre

Bien sûr, elle aimerait certainement voir un prêtre... Nous n'y avions pas pensé ! Ma mère est croyante, même si elle va moins souvent à l'église depuis quelques années. En cette fin de journée émouvante, mon père et ma fille font les démarches pour joindre le prêtre afin qu'il vienne lui donner les derniers sacrements. Et ils quittent l'hôpital pour se reposer, car nous ne savons pas combien de temps il lui reste à vivre. Mon père est très éprouvé émotionnellement et il a besoin de se reposer. Ses nuits sont agitées, il mange peu et, comme je suis tous les jours à l'hôpital, il est seul chez lui. Lorsque Juliette est présente, elle passe beaucoup de temps avec lui, lui permet de verbaliser ses émotions et s'occupe du transport. Ça me rassure, car, depuis une semaine, je suis inquiète pour lui. Il doit assumer beaucoup de changements et de décisions.

En fin de journée, sans prévenir, le prêtre se présente à son chevet. Lorsque mon amie Ginette arrive dans la chambre, il est déjà installé et les infirmières ont décidé d'assister à la cérémonie. Il est très exceptionnel qu'elles restent pour ce rituel, mais elles ont déjà témoigné de la beauté qu'elles sentent dans cette chambre et je crois que, comme nous, elles ont envie de baigner dans cette énergie de paix qui inonde l'endroit.

Ginette, peu habituée aux célébrations religieuses, est malgré tout bouleversée d'entendre le prêtre et sent qu'il se passe quelque chose d'important. Quand il commence à chanter, elle voit ma mère joindre tant que bien que mal ses mains pour prier avec lui. Elle a beaucoup de difficulté à se mobiliser à ce stade-ci. Elle chante dans un murmure avec le prêtre. C'est très émouvant et même le prêtre a les larmes aux yeux.

Il dit alors à Ginette, qu'il croit être ma sœur :

– Savez-vous que votre mère est une sainte ?

Elle bafouille un oui rapide et écoute le prêtre qui dit à ma mère qu'elle est pardonnée, qu'elle est attendue avec amour et bienveillance et qu'elle entre dans la vie éternelle.

Cet épisode est très marquant, car maman est catholique, et le prêtre, dans ses croyances, est le représentant de Dieu. À ce moment-ci, Ginette est perplexe, car elle a perdu le contact privilégié qu'elle a avec maman depuis plus d'une semaine. Elle me raconte qu'elle ne sent plus la proximité de Germaine dans la chambre.

Que se passe-t-il donc à ce moment-ci qui trouble toutes les personnes présentes ? Les infirmières ont les larmes aux yeux et semblent très émues tout au long de la cérémonie.

Ma mère semble apaisée par cette visite et se repose par la suite. La nuit sera par contre plutôt agitée. Ginette reste auprès d'elle sans retrouver la communication privilégiée qui les reliait les journées précédentes. Josy vient la remplacer au petit matin pour qu'elle se repose avant que j'arrive.

Retour à la vie

« Le corps est impermanent et a son propre rythme,
tandis que notre véritable nature ne bouge jamais.
Elle est la permanence même au-delà de tout changement[12]. »

— *Betty*

Retour à la vie. Oui, retour à la vie. Viens vite ! Il est encore très tôt lorsque je reçois ce message texte de Josy qui est auprès d'elle depuis quelques heures. Je suis interloquée. Qu'est-ce que cela signifie ?

Cette semaine a été tellement intense ; en quelques jours, nous avons dû accepter le départ de ma mère, ce qui a été particulièrement difficile pour mon père. Ce matin, après une nième mauvaise nuit, il a décidé d'aller visiter le cimetière du village afin de confirmer son choix pour la sépulture. Il voulait y aller seul pour réfléchir en paix, car il n'est plus certain que le cimetière est le meilleur lieu. Il me dit qu'il a fait un rêve la nuit dernière. Maman lui parlait et lui disait qu'il pourrait garder l'urne de ses cendres proche de lui. Il veut faire une dernière visite avant de choisir.

---

12. Betty, *La fraîcheur de l'instant*, Accarias L'originel, 2013, p. 170.

Il est fatigué, tendu. Il dort mal. Sa vie est bousculée depuis une semaine et il se prépare comme il peut à vivre sans sa femme, ce qu'il trouve extrêmement difficile.

Ce rêve était presque réel pour lui et il est certain que c'est un message de sa femme. Jamais je n'aurais cru entendre mon père me transmettre un message reçu en rêve. Cela fait partie des changements que j'observe depuis que maman est hospitalisée.

C'est encore une fois bouleversant de constater l'impact de cette expérience sur tous les membres de la famille.

Le message texte de Josy reste très troublant pour moi. Je ne parviens pas à comprendre le sens de ses mots. Je suis fatiguée, je dors mal, je mange peu. Est-ce que tout cela a réellement un sens ou suis-je en train de faire un mauvais rêve ?

Nul besoin de préciser que je me rends à l'hôpital très rapidement.

En arrivant aux soins intensifs, je suis très nerveuse. Je réalise que j'ai peur. Mon corps est fébrile, je respire trop vite, je voudrais déjà être auprès d'elle et, en même temps, je crains le pire. Comment est-elle ce matin ? Les mots de Josy tournent en boucle dans ma tête sans que je parvienne à les intégrer. Mes réflexions partent dans tous les sens et les derniers mètres avant d'arriver me semblent interminables. Je croise les infirmières qui sont souriantes. Je me dis que son état doit être stable.

J'ouvre la porte tout doucement au cas où maman dormirait. Et je reste bouche bée devant un spectacle totalement insolite en regard de notre dernière semaine. Mon cerveau ne parvient pas vraiment à comprendre ce que je vois. Ma logique est déstabilisée. Mes scénarios éclatent.

Maman est assise dans son lit. Elle boit du thé. Elle est souriante et volubile et son teint est clair. Elle m'accueille les bras ouverts, le visage tendu vers moi pour m'embrasser. Je m'assois à ses côtés, incapable de prononcer un mot. Elle ne me quitte pas des yeux et m'apparaît vraiment radieuse. Je n'arrive toujours pas à accepter ce que je vois comme étant réel. J'observe le seul indice de surveillance médicale que nous avons conservé : la saturation en oxygène. Elle est encore basse, ce qui indique un faible taux d'oxygénation du sang. Pourtant, son teint est lumineux et elle n'a pas de difficulté à respirer. C'est très surprenant.

Je l'ai quittée mourante et la retrouve pétillante de vie, sans aucune douleur, une tasse de thé à la main et une envie de miel.

Elle me prend la main et semble avoir beaucoup de choses à me raconter. Les mots se bousculent dans sa bouche.

— Isabelle, j'ai vécu une expérience extraordinaire, hier soir, lorsque le prêtre est venu me voir. Nous avons chanté ensemble puis j'ai levé mes bras vers le ciel, les mains jointes, et je suis montée vers la lumière, dit-elle avec euphorie, le regard brillant. C'était tellement beau ! Il y avait une petite musique. J'étais si bien ! D'innombrables fleurs m'entouraient. J'étais si bien ! répète-t-elle... Il y avait des mimosas... beaucoup de fleurs jaunes partout autour de moi.

Je suis silencieuse, mon cerveau semble ne plus fonctionner. Josy me regarde en souriant, car elle a déjà entendu son histoire ce matin. Maman m'apparaît encore transportée de joie, totalement habitée par son expérience. Aucune souffrance n'est présente et elle ne mentionne ni la maladie ni l'opération dans son discours.

— Je me suis sentie apaisée, reprend-elle en plongeant son regard empli d'amour dans le mien. Je ne sentais plus rien. Je suis allée loin, très loin… J'ai vu le bout du tunnel et j'ai enfin pu partir là-haut.

Elle prend une pause, pensive.

– Là-haut, c'était immense, continue-t-elle. Tout baignait dans une clarté exceptionnelle. C'est un grand mystère, Isabelle, j'ai vu qu'il y a quelque chose après la vie. Il faut croire, car la vie continue, dit-elle en détachant chacun de ses mots, comme si elle voulait être certaine que je comprenne bien.

Je suis toujours sans mot devant ma mère qui irradie de bonheur, assise dans son lit. Sa joie est contagieuse et j'assimile tranquillement les mots qui tournent autour de moi.

Elle sourit continuellement, elle veut parler à mes enfants et répète qu'elle a vécu une expérience extraordinaire. Elle est calme et baigne dans une joie que je qualifie alors de profonde. Elle m'apparaît habitée par cette expérience.

Elle m'annonce aussi qu'elle désire rentrer à la maison. Sa saturation en oxygène est toujours basse et elle est un peu essoufflée. Nous l'écoutons, subjuguées par ce récit incroyable.

Est-ce un regain d'énergie temporaire avant son départ définitif, comme l'a évoqué le médecin des soins palliatifs lorsqu'il l'a vue ce matin ? Il a suggéré d'attendre et d'observer ce qui se passerait dans les prochaines heures. Certaines personnes en fin de vie ont des épisodes au cours desquels elles retrouvent l'appétit et la force de parler quelques heures ou parfois même quelques jours. Ce temps leur permet souvent de compléter ou de boucler des histoires avec leurs proches et de leur transmettre leurs dernières volontés.

Nous décidons donc d'attendre auprès d'elle. Ce revirement est bien sûr bouleversant. Nous avançons avec elle en sachant de moins en moins ce que nous réservent les prochaines heures.

Pour l'instant, elle a faim. Nous l'écoutons, un peu perplexes malgré tout. L'infirmière propose de lui apporter un peu de nourriture et maman est ravie de pouvoir enfin manger. N'oublions pas que ses intestins ont subi une perforation puis une opération et que, jusqu'à maintenant, son corps n'a toléré aucune nourriture, la tentative de gavage ayant échoué. Ce désir de manger est donc surprenant : elle ne ressent aucun trouble ni douleur abdominale.

J'attends mon père dans le corridor pour le préparer avant qu'il n'entre dans la chambre. Il arrive du cimetière qu'il est allé revisiter ce matin afin de décider si ce lieu lui semble propice pour sa femme. Le choc sera important pour lui ! Et je ne tiens plus à ce qu'il absorbe de choc, car son cœur est fragile. Il s'attendait, comme nous, à la voir mourante.

Je lui explique donc à son arrivée que nous ne comprenons pas, mais qu'elle semble très bien réveillée et parle sans arrêt. Je lui confirme que le médecin nous a expliqué qu'un regain de vitalité arrive parfois chez les personnes en fin de vie, mais que c'est temporaire. Papa semble perplexe et je pense qu'il veut la voir et l'entendre pour se faire une idée. Je le sens très sceptique. Comme je le comprends ! Je le surveille du coin de l'œil lorsqu'il entre. Maman le regarde amoureusement, pétillante de vie. Mon père nous regarde, semblant se demander s'il rêve, et s'assoit après l'avoir embrassée tendrement. Et Germaine veut nous parler, trop heureuse de raconter ce qu'elle a vécu.

Elle ne paraît pas identifiée à son corps, c'est-à-dire que son état physique ne la préoccupe pas du tout. Elle ne semble pas souffrir non plus. Elle est totalement absorbée par son récit et son expérience. Lorsque je lui demande timidement si elle a de la douleur, elle hoche la tête en me regardant :

– Non ! Ça va bien… Je suis bien.

Nous sommes éberlués devant ce tableau incompréhensible d'un point de vue médical et rationnel. Elle ne présente aucune difficulté respiratoire et ne semble pas fiévreuse, alors qu'elle était en infection généralisée, avec plusieurs organes atteints, des plaies opératoires infectées, un poumon malade… et qu'elle ne reçoit plus d'antibiotiques depuis plusieurs jours.

Le seul outil de surveillance médicale que nous avons conservé est une pince installée sur son doigt qui nous indique sa saturation en oxygène et son pouls. Tout le reste a été stoppé. Son taux d'oxygène dans le sang est inférieur à la normale, ce qui n'a pas changé depuis qu'elle est en soins palliatifs et qu'elle ne reçoit plus de traitement. Mais ce taux qui est *normal* pour une personne en fin de vie ne correspond pas à son état clinique : elle est joyeuse, elle ne semble pas souffrir du tout et sa peau est bien colorée et lumineuse.

J'appelle ma fille, qui est retournée à Montréal pour son travail. Ses adieux étaient faits et je l'avais encouragée à reprendre sa vie. Était-ce nécessaire que mes enfants soient présents dans tout le processus jusqu'à la fin ? Je crois que je voulais tout de même les protéger un peu. Toute la semaine, elle s'est beaucoup occupée de mon père et l'accompagnait lors de ses visites à l'hôpital. Elle a pris soin de son papi et j'étais très touchée de la voir solide et impliquée pour ses grands-parents. Rationnelle et efficace lors des rencontres avec les médecins, elle posait les bonnes questions pour que nous fassions les meilleurs choix pour sa grand-mère. Son soutien a donc été primordial pour moi, car je ne pouvais pas m'occuper de mes deux parents, de la famille en France et de mon plus jeune fils. Je constate avec joie que cette expérience que j'appréhendais pour ma fille révèle une grande force en elle.

Elle redoutait le décès de mes parents lorsque nous en parlions auparavant. Être en contact avec la mort lui faisait peur et je la découvre forte et pas du tout submergée par ses émotions. Je constate que son lien avec son papi se renforce encore un peu plus dans cette épreuve. Ils parlent beaucoup, chaque jour, et elle est là pour lui, pour l'écouter et le guider dans ses choix. Il se laisse accompagner par sa petite-fille sans aucune résistance et c'est très beau à voir. Trois générations prennent soin les unes des autres, chacune à sa façon.

Lorsque je lui téléphone pour lui faire part de ce qui se passe en ce matin de « retour à la vie », les mots me manquent pour décrire la situation. Je lui explique du mieux que je peux ce qui arrive avec maman et que ce regain, que le médecin a déjà observé chez des patients en fin de vie, est souvent temporaire. Juliette essaie de se faire une idée d'une situation totalement improbable et inimaginable. Pas facile, surtout avec la distance ! Elle est touchée par l'expérience de sa grand-mère, mais ne comprend pas… comme nous tous. Elle se sent trop loin et décide de revenir la voir, car, même si tout ceci est temporaire, elle veut comprendre et entendre ma mère raconter son histoire de vive voix. Elle reprend donc la route le lendemain pour nous retrouver à l'hôpital après que je lui eus confirmé qu'il n'y a pas de changement : sa mamie est toujours aussi volubile et semble revenue pour de bon !

Delphine, une amie de la famille, nous propose de passer la nuit auprès de Germaine pour qu'elle ne soit pas seule après cette journée un peu troublante, ce qui nous permettra de nous reposer. Que va-t-il se passer maintenant ? Nous ne le savons pas et Delphine nous appellera si un quelconque changement survient.

La nuit est mouvementée, Germaine se réveille très fréquemment, semble surprise lorsqu'elle ouvre les yeux et interpelle Delphine pour boire, parler et être rassurée. Elle semble très fragile et inquiète. Maman a toujours eu du mal à retenir le prénom de notre amie et l'appelait plus souvent « Justine ». Notre amie répond donc toute la nuit aux demandes formulées à Justine.

À un certain moment, l'écran sur lequel est branché l'appareil de surveillance de sa saturation en oxygène indique que son rythme cardiaque s'accélère subitement. Elle se réveille en sursaut, les yeux brillants, et transmet à Delphine, avec un air gourmand, qu'elle vient de rêver à du miel !

Au petit matin, l'infirmière, voyant que sa patiente semble décidée à vivre, décide de la stimuler. Elle veut qu'elle se lève et qu'elle fasse certains efforts. Elle dit textuellement qu'il faut qu'elle se mobilise « puisqu'elle semble avoir choisi de vivre » ! N'oublions pas que maman, depuis son réveil, est encore très peu identifiée à son corps et totalement imprégnée de son expérience dans l'au-delà. Ce rappel brutal à des exigences physiques la bouleverse, car elle a de la difficulté à bouger et ne peut donc pas répondre aux attentes de l'infirmière, ce qui l'insécurise énormément et la rend très nerveuse.

Heureusement que Delphine est présente. Voyant la détresse de Germaine, elle lui suggère d'attendre un peu avant de prendre une décision et de se lever, puisqu'il est seulement six heures du matin et que maman est encore fatiguée. Lorsque l'infirmière sort de la chambre, maman est en larmes. Puis, elle ressent de la colère vis-à-vis de cette femme qui a réduit son désir de mourir à une simple déprime. Elle dit alors à Delphine qu'elle veut s'habiller et quitter l'hôpital rapidement. Elle acceptera finalement de faire sa toilette en douceur et de laisser notre amie prendre soin d'elle. Germaine lui répète plusieurs fois en pleurant : « Tant d'amour après tant de désespérance ; tant d'amour après tant de désespérance. »

Lorsque nous arrivons, quelques heures plus tard, nous constatons en effet que Germaine est toujours très en forme malgré sa fébrilité matinale. Elle semble très stressée ce matin et nous décrit ce qu'elle a vécu en fin de nuit. Elle est inquiète pour les prochaines nuits et voudrait partir… Ginette est avec moi et nous nous asseyons toutes les deux de chaque côté de maman, collées les unes contre les autres dans le lit. Elle dépose sa tête sur mon épaule et nous restons là, sans parler, main dans la main. La musique nous berce et le stress diminue. Puis, nous lui massons délicatement les bras et les jambes avec de l'huile essentielle de lavande en attendant l'arrivée de sa petite-fille.

L'éveil de Germaine

Lorsque Juliette entre dans la chambre, sa grand-mère l'accueille avec un grand sourire. Même si je l'ai prévenue, ma fille semble surprise, car, lorsqu'elle est partie il y a deux jours, Germaine était mourante. Malgré la fin de nuit difficile, la visite de sa petite-fille ramène ma mère dans la joie.

J'ai heureusement filmé cette rencontre spontanément, ce qui nous permettra, les mois suivants, de garder ce moment exceptionnel très vivant. Lorsque nous visionnions la vidéo, aucun doute n'est possible sur l'état de grâce dans lequel maman baigne depuis 48 heures.

— Juliette ! s'exclame Germaine en apercevant sa petite-fille venir vers elle. J'avais très envie de te voir. J'ai des choses à te dire. Tu avais raison quand tu me disais que j'allais revenir.

Juliette se penche vers sa grand-mère et l'embrasse tendrement.

— Je suis tellement contente de te voir, lui dit-elle. Je t'ai dit que tu allais revenir ? fait-elle, étonnée.

— Oui ! Tu m'as dit que j'allais revenir… Je pense que tu ne voulais pas que je parte ! Claude ne le voulait pas, lui non plus.

J'étais inquiète pour vous en me disant : "Et si je ne reviens pas, ce sera dur pour eux !"

Germaine fait une pause et plonge son regard dans celui de Juliette.

— Lorsque vous avez tous accepté mon départ, quel soulagement ! J'ai pu enfin partir, confie-t-elle à Juliette.

— Tu voulais juste que l'on accepte que tu partes pour mieux revenir ! lui dit-elle en souriant.

Même si tout cela semble surréaliste et irrationnel, Juliette écoute attentivement sa mamie.

— Oui, répond Germaine avec véhémence. Ce qui m'arrive est un miracle ! J'ai quelque chose d'important à te dire, ajoute-t-elle en regardant sa petite-fille dans les yeux. Il faut *croire*, car la vie ne s'arrête pas après la mort. J'avais arrêté mes traitements, car j'en avais marre... Je voulais mourir, ajoute-t-elle, pensive.

Elle fait une pause avant de retrouver son grand sourire.

— Et je suis repartie de plus belle ! Pourtant, je voulais mourir. Mais vous étiez tellement tristes...

Les questions se bousculent dans la tête de ma fille qui a très envie de mieux comprendre tout ce qui s'est passé.

— Est-ce que tu te rappelles lorsqu'on venait te voir et que tu dormais ? demande-t-elle.

— Oui ! Je m'en souviens ! répond Germaine avec conviction. Je trouvais ça tellement beau, mais vous étiez si tristes…

— C'était difficile de te voir comme ça, avec tous ces tubes et ce respirateur. Nous ne savions pas si tu étais bien… s'il fallait continuer ou non les traitements. On nous disait que tu serais peut-être plus en forme si on continuait, mais tu es en forme, donc ils [les médecins] se sont trompés, ajoute-t-elle, un peu perplexe.

— Tu sais, je ne suis pas très en forme. Je ne peux pas rester debout longtemps… Je me sens faible, répond maman, très sérieusement.

Juliette se tourne vers moi, le regard interrogatif. En réalité, Germaine ne peut pas se lever. Elle est trop faible. Elle ne semble accorder aucune importance à la gravité de sa situation médicale. Elle se plaint d'une simple faiblesse, ce qui nous surprend, bien évidemment.

— Tu n'étais vraiment pas bien, s'exclame Juliette et je te trouve très en forme en ce moment. Tu as été opérée pour une infection majeure, tu étais aux soins intensifs, puis palliatifs… Il est un peu normal que tu te sentes faible.

Maman ferme ses yeux. Elle semble fatiguée.

— Est-ce que tu veux te reposer un peu et me parler un peu plus tard ?

— Oui, je vais me reposer, ça me fera du bien.

Elle ferme les yeux à peine quelques secondes puis recommence à nous parler avec exaltation.

Depuis son réveil, elle ne dort presque pas. Elle veut toujours raconter son expérience, trop excitée, semble-t-il, pour perdre du temps à dormir.

– Tout à l'heure, j'ai mangé une soupe et une compote de pommes. C'était très bon. Je rêve à du miel depuis hier..., dit-elle avec un sourire de plaisir.

Juliette semble vraiment surprise de son envie de manger et de sa capacité à supporter des aliments. Depuis son opération, son estomac n'a toléré aucune alimentation. Même le gavage qui est un liquide très nutritif et que l'on a tenté de lui administrer par une sonde gastrique avait été rejeté quelques jours après l'opération. Germaine continue, joyeuse :

– Sais-tu qu'à Montréal, il y a des bars à oxygène ? Les gens se mettent des canules dans le nez, comme la mienne, pour avoir de l'oxygène et se sentir mieux... C'est incroyable, n'est-ce pas ? C'est l'infirmière de nuit qui m'a parlé de cela. Je ne sais pas si c'est vrai...

Puis, elle revient à son expérience.

– Ce matin, le médecin est venu me voir et m'a suggéré de reprendre les antibiotiques et un médicament pour l'estomac. J'ai accepté, dit-elle sans manifester une inquiétude ou un questionnement par rapport à sa condition médicale.

Nous rions tous ensemble de son attitude légère et détachée. Nous vivons un moment hors normes et nous sommes un peu dépassées. Rien n'est logique et Juliette me regarde en cherchant une explication dans mes yeux. Je n'en ai pas.

– Mamie, as-tu toujours le foulard rose que je t'ai apporté après l'opération ?

– Oui, bien sûr ! Il ne me quitte jamais. Il est si beau, dit-elle en l'exhibant de dessous son drap.

– Et aimais-tu la musique que nous avions choisie ? demande Juliette.

– Oh ! Oui ! répond Germaine sans aucune hésitation. C'était beau ! Nous l'avons mise lorsque le prêtre est venu. À partir de là, j'étais tellement heureuse de partir dans cet autre monde.

Elle prend une pause, le regard perdu au loin. Puis, elle se tourne vers sa petite-fille :

– Tu sais, Juliette, j'entends encore cette musique à l'intérieur de moi. Elle est si belle.

– Mamie, veux-tu me raconter ce que tu as vu ?

– Lors de la visite du prêtre, j'ai pu traverser le tunnel que je voyais et je suis partie loin, très loin. Une fois là-haut, j'ai vu Dieu, puis maman, la Vierge Marie et le Christ. Il y avait aussi deux grands êtres bleus qui vacillaient dans tous les sens. C'était si beau… C'était immense et d'une clarté exceptionnelle. J'étais si bien, je ne sentais plus aucune douleur... J'étais dans un bien-être total, dans la paix et l'amour. Il y avait des fleurs partout, des mimosas.

Elle s'arrête, pensive, comme si elle revivait son voyage.

– Et j'ai été un peu étonnée de me retrouver dans mon lit le lendemain matin, ajoute-t-elle en nous regardant les unes après les autres... Et sans aucune douleur ! Lorsque je suis montée vers le ciel, j'ai vu l'île de la Guadeloupe, un peu à gauche, reprend-elle. C'est comme si je voyais tout sur un écran d'ordinateur. Je sais que ça semble bizarre, mais c'était comme ça. Je ne sais pas pourquoi j'ai vu la Guadeloupe... Je me rappelle que nous avons failli mourir pendant le vol qui nous amenait sur l'île après la naissance de Téo[13]. Il y avait eu une tempête et nous avions eu très peur.

Pendant qu'elle parle à Juliette, mon père arrive avec un pot de miel et de l'huile essentielle de lavande. Elle est rayonnante de joie et regarde amoureusement son mari. Elle l'embrasse et le remercie d'avoir pensé au miel. Il s'installe au pied du lit et soupire en la regardant, encore bouleversé de ce revirement. Lui qui avait accepté de la laisser partir doit maintenant s'adapter au miracle. Maman sourit, lumineuse, et ne semble pas du tout surprise de ce qui arrive.

Après l'arrivée de son mari, Germaine se met à effectuer de petits mouvements avec ses jambes en nous expliquant qu'elle fait les exercices suggérés par l'infirmière, car elle est très courbaturée.

---

13. Je vivais en Guadeloupe avec mon conjoint et ma fille lorsque mon fils, Téo, est né. Mes parents sont venus nous voir après sa naissance.

Nous n'en revenons pas de la voir ainsi. Elle est totalement libre de toute douleur et inquiétude en lien avec la maladie ou la chirurgie.

Tant que nous sommes avec elle, elle ne veut pas se reposer. Elle veut partager son histoire et reprend sa discussion avec Juliette.

— Juliette, sais-tu que ton papi, depuis que je suis à l'hôpital, ne boit plus ni café ni vin, mais seulement du thé vert ? Je suis très fière de lui, dit-elle en le regardant amoureusement.

— Mamie, c'est vraiment impressionnant de te voir ainsi et de t'écouter me raconter toute cette histoire… alors que nous pensions que tu mourrais !

— En effet… je comprends, répond-elle. Quand je suis revenue sur terre, je me suis dit que je devais apporter cette joie qu'il y a là-haut et transmettre la certitude que Dieu existe.

— Tu l'as vu ? demande ma fille avec excitation. Qu'est-ce qu'il t'a dit ?

— Oui, je l'ai vu ! répond-elle avec vivacité. Je l'ai vu, c'est tout ! Il n'y a pas de mots pour expliquer cette rencontre. C'est un autre monde… Dieu, c'est la *présence*. Je crois que si tous les jeunes en détresse découvrent la foi, le mystère de la vie, ils iront mieux. Trop souvent, ils ne croient en rien et cette absence de foi leur ôte toute joie de vivre et tout espoir.

— Et ceux qui ne sont pas catholiques, qui vénèrent Bouddha ou qui ont une autre religion ? demande Juliette.

– Il est important de *croire*, tout simplement, et je ne parle pas d'une religion précise. Croire à ce qui est important pour soi et qui est différent pour chacun. Ce qu'on rencontre de l'autre côté, c'est ce à quoi l'on croit. Les images sont floues, mais c'est la *présence* que j'ai ressentie, l'*amour*, le *tout*.

– Est-ce que tu sais pourquoi tu es revenue ?

Germaine semble un peu hésitante.

– Je ne comprends pas très bien… Maman m'a dit que j'avais encore des choses à faire et m'a poussée à revenir. Je dois dire ce que j'ai vu. Que les jeunes sachent et croient en quelque chose de plus grand. Je crois que c'est cela.

Elle prend une pause, cherche ses mots.

– Il faut croire que tout est possible : je vis un miracle en ce moment, je suis revenue de l'au-delà. Je veux transmettre cela aussi : tout est possible ! On m'a appelée pour le dire et j'y crois. Il y a quelque chose de très grand après la vie sur terre. Rien n'est fini. C'est immense. Il est important que le monde le sache et espère, car la vie est réellement éternelle. Je sais maintenant qu'il y a quelque chose après la vie sur terre, et ça, c'est merveilleux ! Je devais revenir donner ce message…

Elle ferme ses yeux quelques minutes et reprend avec conviction.

– C'est mystérieux. Tout existe. Je l'ai vu.

Juliette ne quitte pas sa mamie des yeux.

— Tu as donc rencontré le prêtre ? Avec papi, nous l'avons cherché partout dans l'hôpital pour toi.

— Oui ! C'était beau. C'est à partir de sa visite que j'ai été attirée là-haut pour voir que Dieu existait bien. Voilà. Il n'y a que ça à dire. Les mots sont insuffisants pour décrire le mystère que j'ai approché. Mais je me demande pourquoi j'ai été choisie pour vivre cette expérience ? s'interroge tout haut Germaine.

— Parce que tu es assez profonde... tente timidement Juliette.

— Peut-être... c'est un grand privilège pour moi. Ce printemps, j'ai lu le livre *Mourir pour vivre* d'Anita Moorjani[14]... pour elle, ça a été différent, car elle est revenue totalement guérie.

Ginette, qui est avec nous, prend la parole.

— La guérison d'Anita Moorjani a été effectivement complète après plusieurs semaines seulement. Les médecins pensaient que ses plaies auraient besoin d'une chirurgie pour guérir. Puis, tout est rentré dans l'ordre sans aucune intervention. Mais la guérison n'a pas été reconnue tout de suite, même si Anita Moorjani se disait guérie.

Nous constatons depuis son réveil que maman n'a aucune rougeur sur sa peau alors que cela fait dix jours qu'elle est alitée, dont sept sous respirateur, sans aucun mouvement volontaire. Elle est très mince, elle qui pesait à peine cent dix livres (moins de cinquante kilogrammes) avant son opération. Lors de sa première hospitalisation, en 2010, dès le deuxième jour postopératoire, elle

---

14. Anita Moorjani, *Mourir pour vivre*, Le Dauphin Blanc, 2012.

avait eu un début de plaie au niveau d'une hanche. Je craignais beaucoup ce risque avec l'immobilisation causée par le respirateur malgré les positionnements latéraux réguliers faits par les infirmières pour varier les points d'appui. Sa peau est indemne et ne présente aucune rougeur nulle part. Cela est un mystère pour l'infirmière que je suis et qui a vu tant de plaies se développer très rapidement dès qu'une personne est alitée, surtout en vieillissant et en étant dénutrie. Elle est amaigrie, mais ne semble pas faible pour l'instant et son teint est lumineux.

Elle n'est pas fiévreuse non plus malgré l'arrêt des antibiotiques depuis plusieurs jours et elle n'a aucune défaillance physique alors qu'elle ne reçoit plus aucun soutien pharmacologique depuis mercredi soir. Cela est très troublant. De plus, elle est radieuse, joyeuse et ne ressent ni douleur ni inconfort. Elle est un peu essoufflée, mais elle est bien colorée. En fait, elle m'apparaît PLEINE DE VIE !

Je fais face à une autre énigme : depuis que je suis en âge d'avoir des souvenirs, j'ai toujours vu la jambe gauche de maman pleine de varices et de veines superficielles qui rendaient sa jambe et son pied bleus. Elle a toujours dû faire attention à cette jambe, car la moindre blessure pouvait entraîner un hématome et guérissait mal, la circulation sanguine y étant très mauvaise. Elle avait eu une phlébite étant jeune. Lorsque nous lui ôtons les jambières installées après son opération, qui se gonflaient automatiquement toutes les deux minutes afin de diminuer le risque de phlébite, je constate que sa jambe n'a plus aucune varice ! Sa jambe est toute rose et sans aucun vaisseau visible. Ma mère l'a vue et ne semble pas étonnée plus que ça. Tout semble très normal pour elle depuis son réveil… mais pas pour moi !

Croire et avoir la foi

Comme je l'explique dans les premiers chapitres, maman est catholique et cette religion demeure sa référence. J'aime beaucoup la définition de la foi de Marie-Josée Arel qui a passé six ans dans une communauté religieuse, faisant siennes les croyances catholiques. Elle en est sortie en remettant en question ce qu'on lui avait enseigné, mais en gardant intact son amour pour Dieu et Jésus. Pour elle, la foi est une affaire de cœur et ne découle pas de croyances ou de préceptes : « Il s'agit d'un mouvement de l'être profond qui ressent, qui constate, sans pouvoir l'expliquer. Elle [la foi] implique le doute[15]. »

Dans la Bible, nous retrouvons cette définition de la foi qui est « une ferme assurance des choses qu'on espère, une démonstration de celles qu'on ne voit pas[16] ». Et aussi cette phrase qui m'est apparue dans mes recherches et qui illustre le message de maman depuis son retour : « Tout est possible à celui qui croit[17]. »

Maman n'a pas de mots pour expliquer la foi en « ce plus grand que nous » qu'elle a côtoyé pendant son épisode aux soins intensifs.

---

15. Marie-Josée Arel, *Dieu s'en moque*, Québec Amérique, 2013, p. 28.
16. Hébreux 11,1.
17. Marc 9,23.

Elle ne fait que répéter l'importance de croire et conclut avec ces mots :

– C'est tout, c'est ainsi, il n'y a rien à ajouter, c'est un grand mystère.

Notre côté rationnel n'est peut-être pas totalement satisfait, mais Germaine permet ainsi une ouverture sur l'inconnu, le mystère, la foi, l'« intangible ». Elle a ressenti, elle a vu, elle a été enveloppée d'une énergie d'amour extraordinaire et elle est transformée par cette expérience, même si elle est inexplicable et indescriptible avec nos mots.

Les témoignages de personnes ayant vécu une expérience de mort imminente que j'ai pu consulter sont assez similaires : il semble très difficile pour elles de mettre des mots, trop « petits » pour la grandeur de l'expérience.

Lorsqu'on parle d'EMI, on aborde forcément l'espace des croyances, quelles qu'elles soient. Ceux qui ont vécu une telle expérience parlent de foi, de spiritualité, de Dieu, alors que d'autres parlent d'énergie, d'êtres de lumière et d'univers. Ils utilisent en général le terme *spiritualité* plutôt que *religion*, car l'expérience semble au-delà des religions. Pour la plupart, ils ont expérimenté l'union avec le tout, sans limites. À son réveil, maman répète qu'il est important de croire sans égard à qui ou à quoi l'on croit, ce qui est impressionnant de la part d'une femme catholique. Elle transmet ce qu'elle a expérimenté sans l'associer à la religion. Selon elle, *croire* à ce plus grand que soi apporte la confiance en la vie et la paix intérieure. C'est seulement dans cet état de paix que tout est possible.

Expérience de mort imminente (EMI)

Nous lisons de plus en plus de témoignages d'EMI, ce qui est un bon point puisque cela signifie que le sujet devient moins tabou. Mais un grand nombre de personnes ayant vécu une telle expérience n'osent toujours pas en parler, car leur entourage ne les croit pas et pense qu'elles hallucinent. Or des scientifiques effectuent des recherches par rapport aux EMI lors d'un arrêt cardiaque ou d'une perte de conscience. De plus en plus, ils tendent à prouver que les souvenirs des personnes à la suite de cet évènement semblent indépendants du cerveau et que la thèse de l'hallucination ne tient donc plus la route.

« D'après la pensée scientifique occidentale, tout ce qui n'est pas scientifiquement prouvé n'est pas réel », observe le Dr Jean-Jacques Charbonier[18] qui s'intéresse aux expériences de mort provisoire depuis plusieurs années. Il préfère les termes *mort provisoire*, car il explique que l'état dans lequel la plupart des témoins sont à ce moment-là de leur expérience est vraiment la mort, mais que cet état est temporaire, puisqu'ils reviennent. Lorsqu'il était jeune médecin, il a vécu une EMI partagée avec un patient qu'il a clairement senti

18. Dr Jean-Jacques Charbonier est médecin anesthésiste et auteur [http://jean-jacques.charbonier.fr/v2/].

sortir de son corps lors de son décès. Cette expérience a bouleversé ses convictions. Depuis, il a interrogé des centaines de personnes ayant vécu ce même genre d'expérience en situation d'arrêt cardiaque. Pour lui, il est clair que nous sommes un esprit incarné dans un corps. Il affirme que toutes les personnes interrogées savent qu'il existe quelque chose après la mort et n'ont pas besoin de preuve scientifique. «Aucune [personne] n'a jamais émis de doute là-dessus. Vivre l'expérience est bien plus fort qu'une démonstration scientifique.»

Les récits des personnes subissant un arrêt cardiaque suivi d'un arrêt du fonctionnement du cerveau sont plus connus. Toutefois, des malades dans le coma vivent aussi ces expériences. Le déroulement se répète de façon similaire selon le Dr Charbonier. Tout d'abord, ils quittent le mental, c'est-à-dire l'esprit analytique, pour entrer dans la conscience intuitive. Ils entrent alors dans le tunnel, et dans cet espace, leur conscience s'élargit et ils voient plus loin, parfois très loin du monde physique. Ils sont alors capables de prémonition, d'intuition, de télépathie et ont parfois des visions divines.

Ils perdent en général la notion du temps, car ils sont totalement dans le moment présent. Vivre une telle expansion de la conscience entraîne une nostalgie au retour.

D'ailleurs, maman a dit ceci à son réveil: «J'étais si bien là-haut, je voulais y rester, mais on m'a dit que c'était trop tôt... mais la vie est plus compliquée sur terre.»

La médiumnité semble faire souvent partie des cadeaux, car ces personnes voient, pour la plupart, comme maman l'a vécu elle-même, des êtres chers disparus ou des êtres de lumière.

Certains vivent aussi une guérison dans cet état. Selon Christian Boukaram, radio-oncologue et auteur, « l'éveil libère l'individu de la souffrance et lance instantanément le programme de la guérison. La reprogrammation s'administre subséquemment toute seule[19] ».

19. Dr Christian Boukaram, *Le pouvoir anticancer des émotions*, de l'Homme, 2011, p. 88.

Ginette et ma mère communiquent

Juliette continue d'interroger sa mamie, car elle est très intriguée par plusieurs expériences que nous avons vécues tout au long de son hospitalisation.

— Ginette pouvait communiquer avec toi lorsque tu étais sous respirateur… Tu te souviens de ce qu'elle te disait ? J'étais un peu jalouse d'elle, d'ailleurs.

— Ginette m'a beaucoup aidée, répond Germaine sans aucune hésitation. Elle me parlait tout le temps, ajoute-t-elle. Elle a transmis les messages. Nous avons vécu une expérience si mystérieuse et belle ! Elle a pu vous dire de me laisser partir.

Je suis une fois de plus stupéfaite, car un petit doute subsistait en moi : est-ce que nous avions rêvé tous ensemble ? Est-ce que ma mère avait réellement communiqué en toute conscience avec Ginette ?

Elle confirme tout ce que Ginette nous a transmis. Elle se rappelle qu'elles parlaient toutes les deux et que grâce à ces messages transmis par notre amie, elle a pu demander à mon père de la laisser partir. Nous avons donc une démonstration assez extraordinaire de communication avec une personne dans le coma.

Il n'est pas facile d'expliquer des expériences aussi intangibles. Outre la fois où Ginette nous a transmis son désir de la laisser partir, Germaine se souvient de sa constante présence auprès d'elle, mais elle ne parvient pas à mettre des mots sur les autres échanges dans un espace non physique. Maman résume cela en disant qu'elle s'est sentie comprise et accompagnée par Ginette dans cette autre dimension.

Quelques mois plus tard, elle continuera de nous parler de cette expérience incompréhensible pour elle de communication avec notre amie alors qu'elle était sous respirateur. Mais elle n'a aucun doute sur ces échanges. Elle nous répète souvent :

– Ginette était avec moi, toujours, elle m'a beaucoup aidée.

Je dois me contenter de cela… Les mots ont leur limite. Cette capacité de « télépathie » se manifestait consciemment entre ma mère et mon amie. De mon côté, j'avais la conviction très forte que maman ne désirait pas continuer les traitements. Lorsqu'elle s'est réveillée et qu'elle a demandé, dès qu'elle a pu parler, de stopper les soins, j'ai été bouleversée. Cette situation était un peu surréaliste et… à la fois tellement réelle.

Puis, Ginette et Germaine parlent ensemble de ce qu'elles ont partagé pendant cette expérience. Leur lien est très fort et nous sentons la complicité qui les unit.

– Est-ce que tu te souviens des êtres bleus qui sont venus t'accompagner la nuit, après l'extubation ? demande Ginette à ma mère.

— Oui, je m'en souviens très bien, répond maman sans aucune hésitation. Ils étaient si beaux ! Ils bougeaient beaucoup... comme de très grands arbres bleus et fins. C'était très lumineux.

— Il y avait beaucoup de monde autour de toi pendant ton hospitalisation aux soins intensifs, des êtres non visibles t'accompagnaient.

Maman prend son temps pour répondre. Elle semble revivre ces moments.

– Oui, répond-elle doucement, le regard perdu dans ses souvenirs. Et il y avait beaucoup de fleurs jaunes, des mimosas. Je me disais, poursuit-elle en me regardant, que tu mettrais peut-être des roses sur ma tombe, car je savais que tu avais commandé la sépulture avant que je sois morte, ajoute-t-elle, un grand sourire aux lèvres.

Je ne vous cache pas que moi, je me sens un peu mal à l'aise de la voir sourire de cet épisode. Elle semble très au courant de la discussion que nous avons eue avec papa quant au choix de sépulture. Je ne suis pas au bout de mes surprises.

Ginette continue d'explorer les souvenirs de maman avec beaucoup de tendresse.

— Nous avons fait un rituel avec de l'huile essentielle de rose autour de toi le dimanche quand tu étais encore sous respirateur. Que s'est-il passé lorsque tu es arrivée là-haut ?

— Maman m'a renvoyée vers vous, car j'étais trop jeune ! répond Germaine sans aucune hésitation. Je n'ai que 79 ans ! Alors ils m'ont fait redescendre. Je ne sais pas trop pourquoi... J'ai dit à maman : « Je souffre trop, j'ai assez vécu… Encore une deuxième opération, j'ai trop mal… Je vais essayer de partir… » Mais ils n'ont pas voulu de moi. Je dois encore prendre soin de vous, de toi, dit-elle en me regardant, de tes enfants et de Claude. Claude était si triste ! J'en étais malade. Je lui disais : « Je souffre trop, laisse-moi partir. » Et il a été d'accord. C'était beau. Juliette aussi. Mais après, elle est revenue, elle était très triste. Je l'ai entendue pleurer. Je les comprenais. Téo est venu me voir, je m'en souviens. Ils étaient impressionnants. Ils pleuraient beaucoup… Ils sont pareils.

Ses souvenirs sont précis et encore très présents. Elle n'a rien oublié de toute son expérience et semble nostalgique lorsqu'elle décrit ces moments.

Vivre dans un état de conscience élargie

Dès son réveil, maman nous confie qu'elle était en contact intime avec chacun de nous et savait ce que nous ressentions tout au long de son expérience dans le coma. Elle me transmet notamment ce que mon père m'a dit lorsque nous parlions de la vie sans elle ou des funérailles que l'on préparait... Pourtant, nous n'avons jamais évoqué ce sujet devant elle à l'hôpital. Nous en discutions lorsque nous étions chez nous, le soir.

Germaine explique à ma fille, lors d'une discussion, à quel point elle était troublée par sa tristesse et celle de mon père.

— La première à qui j'ai pensé, c'est toi, Juliette, car tu étais très ennuyée de me voir mourir. Ça ne me plaisait pas trop de partir à cause de cela. Claude aussi était accablé. Il disait que la vie serait trop dure sans moi. Lorsque je lui ai dit, et à toi aussi, Juliette, par l'intermédiaire de Ginette : « Il faut que tu me laisses partir », il a accepté, et dès lors, j'ai pu faire le choix. Ça me rendait malade de le voir s'accrocher ainsi.

Ça la rendait malade ! Lorsqu'elle dit cela, je ne peux m'empêcher de sourire, car à ce moment-ci, elle était physiquement très malade et je ne pouvais imaginer qu'elle soit en contact avec nos sentiments de façon si claire. Elle était maintenue dans un coma artificiel et sous respirateur. Nous ne savions pas du tout ce qu'elle vivait, mais nous étions très loin d'imaginer ce qu'elle nous transmet maintenant. Dans cet espace où elle se trouvait, elle avait accès à ce qui se cachait au plus profond de notre cœur. Elle nous répétera, à plusieurs reprises, les jours suivants, à quel point l'acceptation de son départ a été un moment déterminant pour elle. Elle s'en souvient encore très bien. Tant que les deux êtres qu'elle aimait énormément, son mari et sa petite-fille, s'accrochaient à elle, elle ne pouvait pas partir et cela la désolait littéralement. Pourtant, l'un et l'autre pensaient avoir accepté son départ. Mais elle ressentait que leurs cœurs souffraient et n'acceptaient pas vraiment.

Juliette prend la parole :

– En effet, mamie, je t'aime beaucoup et c'était difficile de te laisser partir ! Et, de façon courante, une personne qui part ne revient pas !

Germaine s'adresse alors à moi :

– Toi, tu étais bien avec ma décision de partir. Tu comprenais.

Anita Moorjani[20], qui a vécu une EMI et qui est revenue guérie d'un cancer en phase terminale, décrit très bien ce phénomène d'union avec tous les êtres proches d'elle. Elle a répété dès son réveil des phrases dites par les médecins alors qu'ils la croyaient morte ; elle se souvient également de toutes les émotions des membres de sa

---

20. Anita Moorjani, entrevue avec Lilou Macé, 2011 [www.youtube.com/watch?v=6zgRXAv3acA].

famille, dont son frère qu'elle voit très angoissé à bord d'un avion qui l'amène auprès d'elle[21].

Maman n'évoque jamais une quelconque souffrance physique depuis son retour. Son seul souvenir pénible est celui de la journée à l'urgence, avant d'être opérée. Lorsqu'elle se remémore ce qui a suivi, elle parle essentiellement de la sensation de joie ressentie, de la beauté qu'elle a côtoyée, de l'amour qui l'enveloppait et de la paix. Elle décrit nos émotions qui semblaient la submerger et surtout la retenir. Elle ressentait la tristesse de son mari, de mes enfants et, en même temps, elle se sentait accompagnée et soutenue.

Que ce soit pendant la période au cours de laquelle elle est maintenue dans le coma ou par la suite, lorsqu'elle est réveillée, ce sont ces ressentis qui lui restent et elle ne partage aucun souvenir pénible.

En étant auprès de maman durant son hospitalisation, nous faisions face à nos multiples peurs par rapport à la souffrance, à la fin de vie, à la maladie, au choix des traitements, à la solitude et à la perte d'un être cher.

Germaine, à son retour, parle de *joie*, de *beauté*, de *lumière* et d'*amour*. Ce sont les mots qu'elle utilise pour témoigner de ce qu'elle a vécu dans cet épisode. Aucune peur. Aucun stress. Aucune douleur.

Une fois libérée de nos émotions qui la retenaient, elle nous affirme avoir enfin pu partir dans cet espace qui l'attirait tant. Elle se sentait enfin libre.

---

21. Anita Moorjani, *Mourir pour vivre*, Le Dauphin Blanc, 2012, p. 104.

Son témoignage me confirme que l'environnement d'une personne en fin de vie est très important. Cela inclut non seulement une musique ou un parfum, mais aussi l'état intérieur de chaque personne présente. La qualité de présence des accompagnants et la conscience de leurs propres peurs et limites semblent faire une différence auprès d'une personne qui est dans ce passage. Elle a besoin de sentir le soutien inconditionnel et la confiance des personnes présentes. C'est dans cette sécurité qu'elle pourra se laisser aller… tout comme une femme qui donne naissance. Ces grands passages d'un état à un autre sont facilités par un accompagnement qui sécurise, qui contient l'espace afin de libérer la voie en toute sérénité.

Au cours d'une autre conversation dans les jours qui suivent, elle nous dévoilera encore un peu plus comment se manifestait le contact avec ses proches.

Elle nous explique que, lorsqu'elle était dans ce monde au-delà de son corps, elle voyait tout se dérouler devant ses yeux comme sur un écran d'ordinateur. Elle est consciente que cela peut sembler bizarre, mais elle conclut que ça s'est présenté ainsi et qu'elle n'y peut rien. Elle voyait donc des messages écrits qui s'affichaient aux murs de sa chambre… Elle recevait les pensées de sa famille et de ses amis sous forme de textes écrits. Elle était d'ailleurs convaincue que ses sœurs et un de ses frères, qui vivent en France, étaient venus la voir. Elle a senti leur présence très fortement à ses côtés et en était très émue à son réveil en en parlant. Tous les messages dont elle m'a parlé provenaient de personnes avec qui j'étais effectivement en contact pendant son hospitalisation, et qui pensaient à elle.

Quant à mon frère qui vit en France, et qui ne pouvait pas se déplacer, nous lui donnions des nouvelles au fur et à mesure, sans l'inquiéter ou projeter notre tristesse afin de lui permettre de se préparer en douceur au départ de maman. La distance ne facilitait pas les choses, mais elle nous a confirmé ne jamais l'avoir senti inquiet ou en détresse. Nous avions réussi à lui permettre de bien vivre le départ de maman malgré l'éloignement.

Retour à la vie physique

Depuis son réveil, elle raconte son expérience et est dans un état extatique, elle ne ressent aucune douleur physique, ne semble pas du tout identifiée à ce corps malade avec des plaies chirurgicales qui nécessitent des soins réguliers. Elle ne sent rien physiquement et ne se préoccupe pas du tout de son corps. Elle a dit la veille que la vie dans notre monde lui semblait compliquée... en comparaison de là d'où elle revient, où beauté, paix et amour semblent régner universellement.

Je suis troublée, car la maman que je connais depuis cinquante ans était plutôt anxieuse, avait peur de la maladie et n'aimait pas prendre de médicaments.

Après avoir attendu 24 heures et observé son évolution, le médecin des soins palliatifs vient la rencontrer et elle lui confirme qu'elle est revenue pour de bon ! Il sourit et constate qu'elle semble en effet en forme et il retransfère son dossier aux soins actifs, ce qui n'est pas très courant.

Le médecin des soins intensifs revient donc la voir et lui propose de reprendre les antibiotiques intraveineux. « Nous avons perdu quatre jours de traitements », lui dit-il. Elle ne se formalise pas de sa remarque et ne semble pas avoir peur du tout et surtout elle ne se sent pas en danger, ce qui est assez troublant. Elle me confie : « J'ai dit au médecin que j'allais accepter les antibiotiques pour aller au bout de ma guérison. » Elle ne voulait pas contredire le médecin et a accepté, sans sembler attacher une quelconque importance à ce traitement.

Nous sommes surpris de son insouciance par rapport à son état médical. Nous devons nous habituer à ses nouvelles priorités… que nous ne reconnaissons pas encore vraiment.

Toujours est-il que la continuité des soins nous sort de la bulle dans laquelle nous baignons depuis son réveil. On nous avise de son transfert dans une autre unité. Le médecin prescrit aussi un *scanner* afin de vérifier l'évolution de l'infection abdominale.

Maman a très peu dormi depuis son réveil et elle commence à être stressée par le transfert dans l'unité de chirurgie, car elle sait qu'elle sera moins tranquille. D'autre part, nous ne pourrons pas rester en permanence auprès d'elle et elle ne sera peut-être pas en chambre individuelle.

Nous réalisons également, à force d'indices qu'elle laisse échapper, qu'elle voit toujours des êtres décédés et des êtres divins qu'elle a rencontrés lors de son passage et que nous ne voyons pas. Il n'est pas facile pour maman de s'adapter à ce nouvel état à 79 ans.

Je me souviens d'un matin où je suis auprès d'elle. Elle pointe le doigt vers le plafond pour me montrer quelque chose, mais lorsqu'elle réalise que je ne le vois pas, elle est un peu déçue. De plus, elle est encore très sensible à ce que nous ressentons. Tout cela mis ensemble la submerge par moments, car elle n'est pas habituée à gérer autant d'informations et de perceptions. Elle est revenue parmi nous avec d'autres capacités sensorielles et elle doit en découvrir le mode d'emploi.

Nous commençons à préparer son transfert en chirurgie et une infirmière l'aide à se mobiliser pour évaluer ses capacités physiques. Elle ne se plaint d'aucune douleur lorsqu'on l'installe sur un fauteuil : elle se dit simplement très courbaturée, ce qui nous fait sourire, car nous nous attendions à pire. L'infirmière veut lui enlever sa sonde urinaire, dernière trace de son passage aux soins intensifs. Je suis un peu inquiète quant au bon fonctionnement de sa vessie, mais dès qu'elle est installée aux toilettes, elle ressent l'envie d'uriner et n'aura aucune difficulté par la suite avec sa vessie. Je suis impressionnée, car, étant infirmière, j'ai vu beaucoup de personnes de cet âge avoir de la difficulté à retrouver un fonctionnement optimal de leur vessie lorsqu'elles avaient gardé une sonde plusieurs jours.

Un bilan sanguin a été prescrit pour vérifier l'état de l'infection et des autres déséquilibres puisque plusieurs organes étaient déficients lorsque nous avons pris la décision de la « débrancher ». L'équipe nous confirme que les globules blancs, témoins de l'infection, sont encore élevés, mais le reste du bilan est très positif. Tout comme son état général. Elle va bien !

La préoccupation principale de maman est de s'alimenter, car elle a faim. Malgré l'opération aux intestins et le jeûne forcé qui a suivi, elle rêve de plats qu'elle ne mangeait plus depuis des années : des pâtes de blé, de la viande de bœuf, des desserts... Je n'en reviens pas ! L'infirmière lui apporte un premier repas avec des spaghettis et une sauce à la viande qu'elle mange avidement... Mais elle réalise dans les heures qui suivent que son système digestif, après une chirurgie et l'absence de nourriture solide pendant dix jours, n'est pas encore prêt à digérer ce genre de nourriture... qu'il ne tolérait pas avant son opération.

Notre amie Delphine reste avec Germaine pour sa dernière nuit aux soins intensifs avant le transfert en chirurgie. Comme je l'ai décrit plus haut, maman voit toujours des personnages et des êtres divins que nous ne percevons pas. L'infirmier de nuit veut vérifier son état mental et sa cohérence, car elle est agitée tout au long de la nuit… Elle se dit inquiète de quitter ce lieu qu'elle connaît bien maintenant. Il demande donc à maman le nom de la personne qui l'accompagne. Or, comme je l'ai expliqué plus tôt, maman l'appelle « Justine » depuis qu'elle la connaît. Donc, ce matin-là, elle répond, avec un grand sourire : « Justine. » Et Delphine est embarrassée, car c'est cohérent… Elle doit expliquer à l'infirmier que, même si elle s'appelle « Delphine », « Justine » est la bonne réponse dans son cas ! Il semble accepter cette drôle d'histoire. Nous en rions encore chaque fois que nous nous réunissons.

Première semaine à l'unité de chirurgie

L'arrivée dans cette nouvelle unité de soins est difficile, car l'environnement est très sollicitant : elle est dans une chambre à quatre lits, il y a beaucoup de soins, des étudiants et elle est rarement dans le calme et le silence, ce qui est anxiogène pour elle.

Cela fait à peine trois jours qu'elle est revenue et elle est encore imprégnée de son expérience. Mais, si elle est trop sollicitée, elle devient anxieuse et parfois agitée, car elle ne parvient pas encore à s'adapter à toutes ses perceptions. Heureusement, elle partage beaucoup de choses avec Ginette, qui l'aide à accepter ses nouvelles capacités sensorielles. Assez rapidement, elle parvient heureusement à discerner ce qui est vu par tous ou simplement par elle.

Elle a perdu son intimité, son ambiance protégée, la petite musique douce et notre présence en continu. Aux soins intensifs, elle avait une chambre que nous pouvions maintenir fermée. Après l'arrêt des traitements, l'équipe nous respectait dans notre besoin d'intimité. La porte était toujours close, la musique jouait en permanence et nous maintenions une ambiance relaxante. Chaque professionnel qui entrait faisait attention et parlait à voix basse.

Dans sa nouvelle chambre, les spécialistes, chirurgiens, physiothérapeutes, nutritionnistes et infirmières se succèdent à son chevet continuellement. Elle a perdu son espace et même lorsqu'elle ferme les yeux, il y a sans cesse du va-et-vient autour d'elle. Et tous les intervenants veulent lui expliquer ce qu'ils font, ce qu'ils projettent dans leur plan de soins avec elle. Cela ne l'intéresse pas du tout. Lorsqu'il y a trop de bavardages, de va-et-vient, elle devient anxieuse. J'essaie d'être présente le plus possible pour lui permettre d'avoir plus de temps seule et de pouvoir prier et se reposer.

Elle m'explique qu'elle a besoin de revivre des moments au cours desquels, seule avec elle-même, elle recouvre ce lien avec la beauté, la joie et la paix qu'elle a connu, loin des tourments physiques. Elle me dit que, lorsqu'elle est tranquille et peut se laisser aller, elle se retrouve dans la lumière qui l'entourait lors de son passage dans l'au-delà. Ces moments lui apportent beaucoup de paix et lui permettent de retrouver l'état qu'elle a connu lors de son réveil aux soins intensifs et qui était exempt de tout stress.

Même si son discours me dépasse un peu, je sens qu'elle a besoin de cette tranquillité et que ce qu'elle me confie témoigne de sa totale confiance en moi. Son discours est très cohérent… mais inhabituel !

Lorsqu'elle se détend, elle est alors en confiance avec ce qui se passe et sort de la peur de ne pas guérir ou de ne pas retrouver son autonomie, car elle est plus inquiète de sa condition physique depuis son transfert.

Elle a accès à cet espace de paix lorsqu'elle n'est pas dérangée et qu'elle peut rester tranquille, les yeux fermés. Ce qui est dorénavant beaucoup plus difficile. Tous les soins la ramènent dans son corps, dans la rééducation. Or retrouver sa force physique et sa mobilité dans ce contexte lui apparaît plus difficile qu'elle ne l'imaginait.

Elle sait que son retour à la maison dépend de sa réadaptation physique et elle s'applique, malgré les difficultés, à faire des progrès, mue par le seul désir de rentrer chez elle. Par contre, notre absence la nuit l'insécurise beaucoup.

J'essaie d'arriver tous les matins avant huit heures pour prendre en charge sa toilette. Se faire laver par différentes personnes chaque jour est un stress, car elle a pu observer que certains préposés sont très doux et compréhensifs alors que d'autres la bousculent un peu. Ce moment d'intimité avec elle me permet de prendre soin d'elle, de la masser afin de commencer la journée en douceur et à son rythme.

Elle réapprend chaque jour à se déplacer avec l'aide d'une marchette. Ses muscles ont fondu et elle tolère très peu d'alimentation, après les excès des premiers jours. Toute l'équipe veut bien faire et lui enseigner ce qui pourrait l'aider, mais toutes ces discussions l'épuisent et ne l'intéressent guère. Elle répète qu'elle veut rentrer chez elle.

Elle me confie qu'après avoir vécu son expérience dans l'au-delà, elle n'a pas besoin d'être stimulée pour retrouver goût à la vie. Elle est revenue et a choisi de rester. Elle a simplement besoin de temps et de calme, ce qui est difficile à trouver dans un hôpital.

Peu de personnes prennent la peine de lire son dossier et la plupart veulent simplement qu'elle mange, qu'elle marche, qu'elle retrouve sa vie d'avant. Mais elle n'a plus les mêmes préoccupations. Le fossé se creuse entre eux, et elle est très vulnérable par rapport au rythme qu'on lui impose dans les traitements.

À son réveil, elle n'avait pas d'inquiétude par rapport à sa condition médicale. Mais, depuis quelques jours, l'insistance dans les soins la perturbe et le doute s'insinue. Je la sens plus inquiète et moins confiante.

Elle aimerait qu'on lui fiche la paix. Ce sont les nuits qui sont les plus difficiles, car elle a besoin d'aide pour se mobiliser et elle devient inquiète lorsqu'elle est seule. Elle se sent souvent incomprise dans ses demandes. Je la retrouve alors perturbée le matin, selon ce qui s'est passé la nuit. Elle m'avoue ne pas toujours oser sonner pour demander de l'aide, car les infirmières manquent de temps et sont surchargées de travail.

L'alimentation commence à devenir une inquiétude récurrente au fil des jours. Son système ne tolère à nouveau aucun aliment solide… Maman pense qu'en rentrant chez elle et en retrouvant son alimentation, ce sera plus facile. Pour l'instant, il faut sans cesse tricher un peu et dire qu'elle mange pour éviter que les infirmières ne l'inquiètent.

Comme maman reprend des forces et qu'elle se mobilise de mieux en mieux, nous avons un argument de taille quant aux inquiétudes des autres. Mais à force de se faire répéter que si elle ne mange pas, elle ne guérira pas, sa confiance est tout de même ébranlée. De plus, les pansements des plaies abdominales doivent être refaits trois fois par jour. Comme ce sont des étudiantes qui sont responsables des soins, cela prend souvent plus de temps et d'explications, ce qui l'épuise. Alors, parfois, pour ne pas parler, elle fait semblant de dormir. Au moins, elle ne souffre pas et ses plaies ne s'aggravent pas. Elle ne désire pas en savoir plus.

Je suis une bonne partie de la journée auprès d'elle et mon père vient deux fois par jour. Les doutes, l'inquiétude, l'alimentation encore difficile ne facilitent pas la détente de maman. Elle se demande si elle sera à nouveau capable de manger. Elle oscille entre des périodes de confiance et d'autres, où le doute prédomine.

J'explique à quelques personnes, que je juge compréhensives, ce qu'elle vit, son expérience aux soins intensifs qui s'est terminée avec l'extrême-onction et son voyage dans l'au-delà. C'est pourquoi elle est vite anxieuse si elle est trop sollicitée. Son besoin de calme et de paix est grand. Mais, le personnel change tous les jours et le transfert d'information n'est pas parfait. Dans ce cadre, nous essayons tant bien que mal de la protéger de trop de stimulus et de dérangements.

La chirurgienne que maman rencontre tous les matins semble comprendre ma mère, la rassure beaucoup sur sa difficulté à manger en lui répétant que c'est normal et qu'il est important qu'elle s'écoute et choisisse de manger ce qu'elle aime, quand elle en a envie. Elle désire que maman passe un *scanner* avant d'envisager la sortie, car elle veut vérifier les plaies abdominales qui sont encore assez profondes et voir l'évolution de l'infection.

Maman est très enthousiaste à l'idée de pouvoir quitter l'hôpital. Le résultat du *scanner* est encourageant, ce qui achève de la rassurer. Elle a une petite poche infectieuse très circonscrite et la chirurgienne n'est pas inquiète. Nous sommes tout sourire ce jour-là.

Nous avons le feu vert pour un départ le vendredi suivant, soit six jours après son transfert des soins intensifs.

Je vais me charger de continuer les injections d'antibiotiques et nous aurons de l'aide des infirmiers et infirmières du CLSC pour les pansements qui doivent être faits maintenant deux fois par jour.

Retour à la maison

Ça y est ! Je vais chercher la voiture tandis que Ginette attend avec maman emmitouflée dans son manteau devant la porte de l'hôpital. Première sortie, première bouffée d'air depuis un peu plus de deux semaines. C'est le grand retour à la maison. Nous avons rencontré les infirmières qui m'ont appris à utiliser un nouveau système très facile pour lui injecter ses antibiotiques intraveineux à domicile pour encore sept jours.

La joie est au rendez-vous pendant le trajet du retour. Maman s'exclame devant la beauté de la nature en ce début d'automne. Elle est si heureuse de retrouver sa maison. Encore une fois, elle nous exprime que sa guérison sera complète au calme, dans son environnement, avec l'amour des siens.

Nous sommes tous fatigués et satisfaits de quitter l'hôpital. Nous retrouvons notre intimité, et elle sent qu'elle pourra enfin écouter son rythme et rester dans le silence. Elle me fait penser aux nouveau-nés trop souvent surstimulés après la naissance, alors qu'ils ont un grand besoin de calme et de lenteur pour s'habituer à leur nouvelle réalité. Je sens ma mère dans ce même état de renouveau et d'apprentissage peu conforme au rythme hospitalier.

Le lendemain matin, elle est radieuse après sa première nuit dans son lit. Mon père aussi est heureux : il retrouve sa femme à qui il avait dit adieu. C'est une situation vraiment insolite et formidable pour lui. Pourtant, il a été réveillé plusieurs fois durant la nuit pour l'aider dans ses mobilisations, car elle ne peut rien faire seule.

Dans les jours qui suivent, la joie de Germaine s'estompe. Elle semble envahie par le découragement. Le retour au quotidien est difficile. Nous lui avons procuré une marchette pour qu'elle puisse faire quelques pas sans être accompagnée dans la maison. Elle est faible, amaigrie, sa musculature a fondu et elle ne parvient même pas à changer de position seule dans son lit ou à se relever de sa chaise. Cette dépendance l'affecte et l'inquiète. Sera-t-elle capable de retrouver son autonomie et sa force physique ? Son incapacité à s'alimenter reste le plus grand stress. Si elle ne se nourrit pas, comment peut-elle reprendre des forces et guérir ses plaies ?

Elle se sent dans un cercle vicieux : elle veut marcher, mais elle est incapable de s'alimenter. Elle ne tolère aucun aliment solide. Seulement de l'eau. Nous essayons tous de la stimuler, de trouver des aliments qui lui plaisent. Mon père cuisine de bons petits plats, mais rien n'y fait. Elle devient nauséeuse ou a mal à l'estomac dès qu'elle se force. Mais, sans alimentation, ses intestins ne se remettent pas en route. Et vivre avec une colostomie nécessite une attention particulière au bon fonctionnement intestinal, car les conséquences d'une simple constipation peuvent être très graves. Maman le sait mieux que personne. La perforation intestinale qu'elle a subie était causée par un amas de selles trop dures qui s'étaient accumulées proche de sa colostomie.

Ses craintes sont donc fondées et nous y pensons, nous aussi. La menace d'une récidive ou d'une autre complication est très présente.

Nous aimerions tous qu'elle mange. Les infirmières qui viennent chaque jour pour ses pansements insistent sur l'importance des protéines dans la guérison des plaies abdominales.

Nous cherchons sans relâche ce qu'elle pourrait aimer : nous achetons des mélanges hyperprotéinés, préparons des jus, des soupes... Plus elle « essaie » et plus elle se décourage de son incapacité à avaler toute nourriture solide. Elle tolère seulement de très petites quantités de bouillon de miso[22]. Sa colostomie ne fonctionne pas... l'inquiétude et le découragement s'insinuent dans la maison.

Lorsque les antibiotiques intraveineux sont terminés au bout d'une semaine, elle décide de ne pas prendre ses comprimés oraux, car elle ne peut pas plus les avaler que la nourriture. Elle refuse même les produits homéopathiques qui m'ont été recommandés pour traiter des états infectieux. Rien ne rentre dans son corps. Mon père est très inquiet quant à cette situation et à l'arrêt des antibiotiques. Les plaies abdominales ne sont pas guéries et la peur d'une récidive de l'infection est grande.

D'autre part, je crains que papa s'épuise, car il aide ma mère jour et nuit, la motive et assume l'entretien de la maison, les courses et la préparation des repas. Elle se réveille au moins trois fois par nuit et a besoin de lui pour se lever ou simplement boire un verre d'eau. À cette période, elle est très craintive dès qu'elle a mal, car cela ravive le souvenir de son hospitalisation et de sa souffrance avant d'être opérée.

22. Le miso est un condiment japonais traditionnel, qui se présente sous forme de pâte fermentée, à haute teneur en protéines. Il est obtenu à partir de haricots de soja, de sel de mer et, selon la fabrication, d'orge et de riz.

Malgré le fait qu'elle ne mange pas, nous constatons qu'elle progresse physiquement. Elle reprend des forces et se déplace plus facilement avec sa marchette de jour en jour. Les infirmières et les physiothérapeutes notent eux aussi les améliorations quotidiennement. C'est très encourageant, même si cela reste incompréhensible. Ses plaies évoluent très favorablement, les tissus cicatrisent bien et il n'y a pas de signe d'infection.

C'est moi qui suis responsable des pansements le soir et je suis toujours un peu étonnée, car elle ne ressent aucune douleur. Elle n'a également aucune appréhension de voir ses plaies ouvertes sur son abdomen ni la longueur des mèches que nous y insérons pour favoriser la cicatrisation. Pourtant, c'est un spectacle assez impressionnant, mais elle regarde son ventre sans aucune émotion, comme si tout ça n'était pas important, un peu comme si ce n'était pas son propre corps. Cela me rappelle son attitude détachée après son réveil aux soins intensifs : son corps semblait être le dernier de ses soucis. Malgré toutes nos difficultés quotidiennes, je suis troublée encore une fois de constater son absence de crainte par rapport à ses plaies, mais elle en a quant à son alimentation.

Au fil des semaines, elle est passée de nos bras à la marchette pour se déplacer, puis, un beau matin, elle part seule. Elle est amaigrie, n'a plus beaucoup de muscles, ce qui ne l'empêche pas de faire des progrès et de retrouver son autonomie. Cela commence à nous troubler. Comment est-ce possible ? Elle ne mange toujours pas.

Journées de tempête

Cela fait deux semaines qu'elle est rentrée. Nous sommes le 26 septembre. Comme tous les jours depuis le retour de maman, j'arrive chez mes parents à huit heures pour sa toilette et ses soins. Elle a très mal à l'estomac ce matin-là, son ventre est dur et tendu. Il n'y a aucun mouvement perceptible de ses intestins. Malgré cela, elle se lève et nous allons à la salle de bain pour sa toilette. Elle est souriante malgré la douleur et le stress, ce qui me surprend. Cela fait deux semaines qu'elle est de retour et qu'elle n'a toujours pas mangé. Elle me confie qu'elle est épuisée de toute cette pression autour de la nourriture.

— Ne me forcez plus à manger, car je n'en peux plus de cette pression incessante. Je sens que je vais mieux, que je prends des forces, même si je ne mange pas.

Mais, à midi, la douleur abdominale est à son paroxysme et Germaine ne parvient même plus à boire. Elle pleure, parle de retourner à l'hôpital et d'arrêter de souffrir. Moi aussi, je perds confiance et supporte de moins en moins ces pics de souffrance qui l'anéantissent. J'avoue que lorsque je tombe dans le doute, je ne parviens plus à croire qu'elle peut s'en sortir.

Nous sommes tous stressés par son incapacité à se nourrir et la peur que son système digestif se bloque. La fatigue se fait aussi sentir. Depuis son hospitalisation en urgence, il y a quatre semaines, nous avons vécu beaucoup d'émotions, nous dormons peu et nous sommes toujours inquiets de l'évolution de son état. Comment peut-elle s'en sortir sans manger ? Comment vivre avec cette douleur qui se réveille régulièrement et qu'elle ne peut soulager puisqu'elle ne prend aucun médicament ? Comment ses intestins peuvent-ils reprendre leur fonctionnement après tout ce temps sans nourriture ? Toutes ces questions restent sans réponse.

Je suis bien consciente que dans un tel environnement de stress, il est très difficile pour elle de croire en une amélioration. Alors, j'appelle Ginette à l'aide, car j'ai besoin de son calme et de sa confiance. Notre amie acupunctrice viendra aussi nous rejoindre.

Dès son arrivée, Ginette s'installe avec maman dans sa chambre pendant que j'emmène mon père chez moi pour prendre un bon verre de vin et nous détendre un peu. Il commence à être fatigué et à se sentir impuissant et inquiet de la tournure des évènements. Il a lui aussi 79 ans et sa résistance a des limites.

Ginette écoute maman puis, tranquillement, elle parvient à la ramener au cœur d'elle-même, dans cet état de paix et d'amour dans lequel maman baignait à son réveil aux soins intensifs. Et elle lui parle de l'importance de s'écouter, de faire seulement ce qu'elle sent qui est bon pour elle et non pas ce qu'elle devrait faire selon la pression extérieure. De quoi a-t-elle besoin pour laisser la joie, la vie circuler en elle ?

Puis, elles ne parlent plus. Elles restent ensemble, tout simplement, main dans la main, loin du mental qui cherche une solution et une réponse.

Et elle parvient à s'extirper de sa douleur et à se laisser bercer par le mieux-être. Elle est déjà plus sereine lorsque notre amie arrive pour le traitement d'acupuncture. La magie continue d'opérer : elle se détend encore un peu plus. La paix s'installe finalement.

Lorsque je reviens avec mon père, nous restons sans voix en la voyant assise à la table de la cuisine, souriante, en train de dessiner un mandala. Elle semble ne plus souffrir et, surtout, elle n'a plus peur.

Nous sommes vraiment perplexes, car nous l'avons quittée dans un état de désespoir intense et nous la retrouvons souriante et détendue… en train de dessiner ! Comment a-t-elle pu changer d'état intérieur si facilement et rapidement ? C'est très surprenant et presque étrange pour moi.

Après cette journée au cœur de la tempête, une fois le calme réinstallé, ses intestins se remettent à fonctionner. Nous sommes vraiment subjugués par ce revirement.

Le lendemain, elle est toujours détendue, calme, lumineuse et me transmet son étonnement de constater comment son état s'est transformé si rapidement alors qu'elle était désespérée et souffrante. Elle aussi semble surprise. Elle m'explique que, dès qu'elle se connecte à Dieu, à cet univers qu'elle a visité lorsqu'elle était aux soins intensifs, elle se détend sur-le-champ, son cœur s'ouvre et elle se sent mieux, baignée de lumière et d'amour. Elle se détache alors instantanément de la peur et des craintes reliées à ses problèmes physiques.

Elle est persuadée que, dans cet état, elle peut guérir. Elle décrit ce qu'elle vit très simplement, avec peu de mots, sans chercher à mettre en avant une quelconque capacité dont elle serait fière. Au contraire, je dois insister pour tenter de comprendre ce qui se passe et comment elle explique ses changements d'état. Elle ne tient pas vraiment à trouver une explication : elle me dit que ça se passe ainsi, tout simplement. Tout est là, disponible autour d'elle : la lumière qui guérit et qui ouvre le cœur. Elle y a accès sauf lorsqu'elle souffre ou qu'elle a peur.

Je fais le parallèle avec notre quotidien pour essayer de comprendre : en état de stress, le cerveau cherche des solutions, mais si l'on ne prend pas le temps de se déposer et de prendre du recul par rapport à cette situation, on tourne en rond, on cherche une solution extérieure qui est rarement satisfaisante. Maman me confirme que c'est dans les moments de recueillement, de tranquillité ou lorsqu'elle prie qu'elle parvient à se déposer dans le calme profond. Son esprit est enfin tranquille et elle peut s'unir à cette partie plus vaste qu'elle nomme « Dieu » ou l'« amour » et dans lequel sa guérison peut avoir lieu.

Elle semble convaincue de son pouvoir d'autoguérison. Et moi, est-ce que j'y crois ? Est-ce que j'ai confiance ? Est-ce que j'ai peur ? Est-ce que tout cela est bien réel ?

Ces questions sont simples et commandent une réponse profonde et vraie. Souvent, nous demandons la guérison, mus par la peur. Ma mère me rappelle que lorsqu'elle est dans ses peurs, rien ne se passe ; elle plonge plutôt dans la douleur et le découragement. Mais lorsqu'elle retrouve la paix et la confiance, au cœur d'elle-même, elle active son potentiel de guérison. Ces explications sont très nouvelles dans la bouche de maman. C'est la première fois qu'elle aborde cette possibilité et ça ne vient pas de lectures ou de croyances acquises, mais de ce qu'elle vit en elle depuis son retour.

Tout ce que maman me transmet est très nouveau et très surprenant pour moi... alors qu'elle semble trouver tout cela assez naturel. Je ne la reconnais vraiment pas, mais je ne peux que constater, en la côtoyant, que son état est très différent lorsqu'elle sort de sa chambre après avoir pris du temps pour elle.

Nous décidons, avec Ginette, de l'accompagner totalement et d'arrêter de focaliser sur la nourriture. Nous tentons de rallier mon père et de le convaincre qu'il vaut mieux, tant que maman va bien, qu'elle progresse physiquement et que ses plaies guérissent, ne plus la harceler pour manger. Nous sommes persuadées que nous avons nous aussi à faire confiance à ce que nous observons malgré certains doutes. C'est tout un changement pour mon père et moi : encourager maman à se faire confiance, à respecter ce qu'elle sent, en l'occurrence, ne pas se forcer à s'alimenter. Cette situation nous oblige tous à faire confiance, à croire que maman peut évoluer différemment, que tout est possible.

Mais quelques jours plus tard, elle replonge dans ses angoisses. Elle parle de se faire réhospitaliser. Les infirmières qui viennent à domicile pour ses pansements lui répètent qu'elle doit manger des protéines pour guérir, et le doute se réinstalle. Elle a reperdu confiance, ne pas manger lui semble à nouveau insensé.

Le lendemain, maman a un rendez-vous avec la chirurgienne pour le suivi de son opération, et notre amie Ginette est du voyage. Avant de partir, elle propose à Germaine de prendre un moment pour se détendre et revenir dans son espace de paix. Lorsqu'elle monte dans la voiture, je la trouve à nouveau plus calme, détendue et elle n'est plus certaine de demander à être hospitalisée. Nous l'assurons de notre soutien, quel que soit son choix, et nous lui conseillons de parler avec la docteure avant de prendre une décision.

Par chance, la chirurgienne l'accueille avec un grand sourire et lui dit d'emblée qu'elle a l'air très en forme ! Voilà ce que maman avait besoin d'entendre, même si elle proteste un peu en disant timidement qu'elle ne mange vraiment pas beaucoup… La chirurgienne la rassure instantanément.

– Ne vous inquiétez pas, c'est vraiment normal après tout ce que vous avez subi. L'important est de manger seulement les aliments qui vous tentent et aussi souvent que vous en avez envie, sans vous mettre aucune contrainte.

Puis, elle regarde ses plaies et poursuit.

– Tout va très bien, les plaies guérissent. Vous marchez, je vous trouve très bien. Si vous désirez un autre rendez-vous, je peux vous revoir, mais selon moi, ça n'est pas nécessaire. Les infirmières me tiendront au courant s'il y a quoi que ce soit. Qu'en pensez-vous ?

Maman est radieuse.

– C'est parfait, docteure. Merci pour tout. Si tout va bien, je ne reprends pas d'autre rendez-vous. Au revoir ! Je suis très heureuse de vous avoir rencontrée.

Le stress vient de s'envoler. Maman n'a pas osé lui dire que, depuis son retour, elle ne mange aucune alimentation solide, mais tout à coup, ça a moins d'importance puisque la guérison progresse et qu'elle est en forme.

Nous quittons l'hôpital avec Germaine. Nous sommes toutes joyeuses de cette rencontre rassurante. Nous repartons enchantées de cette jeune femme qui a toujours soutenu maman sans jamais l'inquiéter depuis son opération. Nous faisons même un détour par l'épicerie pour essayer de trouver une crème brûlée, car maman nous parle de son envie de dessert depuis quelques jours... Je revois son sourire lorsqu'elle y pense ce jour-là. Malheureusement, nous n'en trouvons pas.

Les jours suivants, elle oscille entre nausées, doutes et périodes de bien-être profond lorsqu'elle se recueille dans sa chambre. Elle ne tolère toujours que les bouillons de miso comme nourriture.

Je constate que malgré les périodes de doute, elle se fait de plus en plus confiance.

Revivre sans alimentation solide

Lors d'une visite de notre amie Ginette, alors que Germaine parle encore de ses inquiétudes par rapport à son absence d'alimentation, elles évoquent ensemble la lumière. Dès son réveil aux soins intensifs, maman nous a longuement parlé de cette grande lumière qui l'enveloppait lors de son passage dans l'au-delà. Puis, lorsqu'elle était en réadaptation, elle exprimait qu'elle avait encore accès à cette lumière qui l'enveloppait lorsqu'elle pouvait se retirer en silence et se reconnecter à cet espace. «Tout ce que j'ai vu lors de mon passage vers l'au-delà est toujours autour de moi, mais j'ai besoin de calme pour y avoir accès.»

Ginette lui suggère de prendre conscience qu'elle se nourrit possiblement différemment puisqu'elle continue d'aller mieux et que ses plaies guérissent. Et que dans ces moments de recueillement, lorsqu'elle se dépose au creux de la lumière, avec les êtres chers qu'elle a rencontrés lors de son passage et qui sont toujours autour d'elle, elle se sent bien, calme. Elle ne doit pas oublier que chaque fois qu'elle se permet ces moments, elle se sent en forme, libérée du stress et de la peur de ne pas manger ou de ne pas guérir. Maman acquiesce.

– C'est vrai. Lorsque je me connecte à tous ces bons êtres de là-haut et que je suis dans la lumière, je pense alors que je peux vivre sans trop manger. D'autres sont restés sans manger plus longtemps que moi. Ce parcours m'a ouverte à la vie encore davantage. La vie est belle : il faut s'écouter ! conclut-elle.

Je suis un peu bouleversée. Même si j'ai lu sur la possibilité de ne pas dépérir sans alimentation solide, mon esprit résiste un peu et celui de mon papa aussi. Nous sommes vraiment bousculés dans nos croyances depuis quelques semaines.

Est-il réellement possible de survivre sans alimentation solide ? Mon père acquiesce, même s'il n'y croit pas trop. Pour lui, c'est extrêmement difficile de ne pas l'encourager à s'alimenter. Pourtant, nous constatons tous ses progrès, mais c'est comme si notre cerveau ne pouvait pas admettre qu'une personne peut vivre et même guérir sans nourriture. Ça dépasse l'entendement.

Maman, depuis son opération, fin août, il y a près de quatre semaines, ne s'est pas alimentée de façon régulière. Les trois premiers jours suivant son réveil, elle a mangé avidement toutes sortes de plats, mais par la suite, plus rien ne passe. Malgré cela, elle prend des forces, retrouve son autonomie petit à petit, fait les exercices suggérés par les physiothérapeutes et ses plaies guérissent à un rythme très normal, selon les infirmières. Aucune infection n'a été dépistée malgré son refus de continuer les antibiotiques en comprimés prescrits à son retour à la maison, car elle ne pouvait pas les avaler. Elle n'a pris aucun médicament depuis, même pas les granules homéopathiques.

Nous avançons donc à tâtons avec de nouveaux paradigmes : est-ce que je peux moi-même accepter que tout ce qui arrive est *normal*, que la guérison est possible, que ses cellules se régénèrent et sont bien nourries ?

Est-ce que je peux croire que l'invisible que ma mère côtoie est autant, voire plus puissant que le visible ?

Est-ce que je peux réellement croire que ma mère peut être nourrie sans manger aucun aliment solide ?

Me voilà devant de vraies questions qui viennent bouleverser mes convictions. Je me pensais ouverte d'esprit et je réalise que, dans cette expérience très concrète, je pourrais facilement nier tout cela et insister pour que ma mère se nourrisse concrètement, car elle risque de mourir. Maman me démontre que, lorsqu'elle se respecte, elle n'a pas de douleurs ou de difficultés de digestion.

Changements d'état

« Ma souffrance ne provenait pas de mon manque de contrôle, mais du fait que je me disputais avec la réalité. La liberté est aussi simple que cela[23]. »

– Byron Katie

Début octobre, avec Ginette, nous devons nous absenter pendant trois jours, car nous participons au Festival du Féminin à Montréal. Je reprends tranquillement mes activités professionnelles que j'ai mises de côté ces dernières semaines. Nous décidons de rentrer tous les soirs pour être présentes auprès de maman, car elle est encore très fragile. Elle commence à manger quelques bouchées et a toujours des épisodes de douleurs abdominales qui l'inquiètent.

La bonne nouvelle est que maman vit ces trois jours sans trop d'inquiétude ni de douleur, même si elle ne s'alimente toujours quasiment pas. Chaque soir, elle nous accueille avec le sourire et c'est très soulageant pour nous qui appréhendons toujours une rechute. Mon père est heureux, je crois, de passer trois jours avec sa femme, sans trop de visites, car les infirmières aussi espacent les soins, étant donné que les plaies guérissent bien. C'est leur première fin de semaine seuls depuis l'opération !

---

23. Byron Katie, *Les mille visages du bonheur*, Guy Trédaniel, 2014, p. 112.

Les jours suivants, maman va de mieux en mieux et commence à réintroduire certains aliments. Elle a quelques épisodes de douleur qui ne durent pas. Malgré cela, l'ambiance est encore lourde par moments, chargée de peurs et de doutes par rapport à son incapacité de s'alimenter normalement et à l'impact sur ses intestins qui ne fonctionnent pas encore.

Un matin, j'assiste à une scène qui me confirme que ma mère a profondément changé. Elle parle à mon père, calmement, mais fermement : elle ne veut plus qu'il lui mette de la pression pour qu'elle se nourrisse et qu'il lui projette ses propres peurs. Elle ne mange que quelques bouchées par jour, mais elle a confiance. Lui est très inquiet que ses intestins soient encore bloqués et il voudrait qu'elle prenne des médicaments pour relancer leur fonctionnement. Germaine lui affirme qu'elle n'a plus peur. Elle sent que ses intestins travaillent et qu'il faut juste attendre. En effet, son transit reprend dès le lendemain.

Pour moi, c'est presque un choc : je n'ai jamais vu ma mère se positionner ainsi et affirmer sans aucun doute une telle confiance. Cet épisode nous prépare à ses changements d'état surprenants que j'appellerai les *retournements*. Je choisis ce mot qui représente le mieux ses passages instantanés d'un état de désespoir à un état de grande paix intérieure.

C'est un tournant, car à partir de ce moment, elle ira de mieux en mieux et restera dans un état de confiance, même si elle ne mange toujours pas comme avant. Elle a une envie folle de crème brûlée et nous décidons de faire une sortie entre filles avec Ginette. À ce moment-là, elle ne marche pas encore sans aide. Nous l'installons dans la voiture et allons chercher une crème brûlée dans une pâtisserie française. Elle est heureuse de sa promenade en voiture et de la surprise. Nous garons la voiture au bord de la rivière de notre village et nous dégustons le dessert avec un thé au jasmin que nous avions préparé.

Moment de joie tout simple, mais ô combien bénéfique. Maman est ravie et se délecte de quelques cuillérées de la crème brûlée. Elle s'extasie devant la beauté de la nature qui s'offre à elle. Nous vivons un moment très touchant, et elle digère très bien la crème sans ressentir aucun malaise. Comme quoi, lorsque le plaisir et la joie sont au rendez-vous, les aliments passent bien.

Dans les semaines suivantes, nous allons la voir vivre des retournements qui nous surprennent chaque fois. Durant cette période, son humeur est très changeante et elle peut passer d'un état de lourdeur à la paix en un instant. Elle me démontre ce que je savais de manière intellectuelle, mais qui est troublant à voir se passer : tout est une question d'état. En effet, si elle focalise sur sa douleur ou sur ses manques, si elle s'identifie à ce corps souffrant, elle plonge dans la frustration, la tristesse et le découragement. Elle ne se voit plus guérir, elle a envie d'abandonner, car dans cet état, la douleur devient insupportable.

Et dès qu'elle se connecte à ce qu'elle a connu, à ce monde plus grand, à l'amour inconditionnel dans lequel elle s'est immergée, elle redevient *instantanément* légère et insouciante de son état physique, malgré certaines limitations encore présentes.

De nombreuses méthodes sont proposées par différents thérapeutes ou *coachs* afin de développer une pratique qui permet de revenir au centre de soi et de retrouver un bien-être. Même si Germaine n'a jamais pratiqué ces techniques ni rencontré de *coach* de vie, elle semble maîtriser à merveille cette *technique*. À ce jour, je n'avais jamais vu quelqu'un vivre un changement d'état instantanément et sans aucune ombre sur la paix installée. C'est très troublant et presque magique.

Lorsque je vois ma mère passer de la lourdeur à la légèreté si facilement, je réalise que tout est réellement possible et plusieurs doutes se dissipent.

J'ai envie de faire comme elle, de calmer mon mental hyperactif, de prendre le temps de m'intérioriser et de faire confiance à ce qui est. Mais je n'y parviens pas aussi bien qu'elle !

Lorsqu'elle était sous respirateur, je l'ai accompagnée sans comprendre, sans savoir ce qui allait se passer : allait-elle se réveiller ou mourir ? Continuer à observer et « accompagner » chaque moment semble mon seul vrai choix.

Lumière et guérison

« Je suis un nouveau-né qui constate que la conscience s'expérimente de si merveilleuses façons : le cycle des saisons, l'air chargé de lumière et d'humidité, les oiseaux qui valsent dans cet espace nommé ciel, les individus qui rêvent d'exister, mais ne sont séparés de rien[24]. »

– *Betty*

Lorsque j'arrive chez mes parents le 22 octobre 2014, ma mère est installée dans son lit, toute souriante et sereine. Je me penche vers elle pour l'embrasser.

— Je me suis réveillée, ce matin, en extase, en sentant que j'étais guérie, me dit Germaine. Tout le monde là-haut était avec moi. J'étais enveloppée de bien-être et de cette joie d'être guérie !

— Wow ! C'est extraordinaire ! dis-je, surprise et encore une fois un peu déstabilisée par cette nouvelle confidence.

J'apprends sans relâche, depuis quelques semaines, que tout est possible et je m'« étonne » de moins en moins.

---

24. Betty, *La fraîcheur de l'instant*, Accarias L'originel, 2013, p. 135.

— Je me suis réveillée ainsi et je me sens tellement bien, continue-t-elle, sans chercher à justifier ou à expliquer son état.

Je la trouve rayonnante et calme, en paix. Nous restons main dans la main, sans rien dire. Les mots sont devenus superflus. Nous savourons ce moment de plénitude. Puis, je lui demande si elle utilise la lumière qui l'entoure.

— Oui, me répond-elle avec un grand sourire. Lorsque je suis allongée, au calme, je me connecte à là-haut. Puis, lorsque je sens la lumière autour de moi, je la laisse entrer en moi et je me sens mieux.

Je partage avec elle ce projet d'écriture que nous avons déjà évoqué ensemble.

— Je vis de grands changements, moi aussi, depuis ton expérience, lui dis-je. Je me sens prête à écrire ce que tu nous as dévoilé, que la vie continue après la mort, que notre pouvoir d'autoguérison existe. Es-tu d'accord si je t'interroge encore dans les prochaines semaines afin de transmettre ton expérience de façon juste ?

— Bien sûr, répond-elle sans hésitation. Je suis revenue pour témoigner. Merci de m'aider, ajoute-t-elle en plongeant son regard dans le mien.

— Tu m'as dit que ton cancer représentait tes peurs et qu'il t'a permis de guérir de ces peurs. Peux-tu m'en dire un peu plus ?

— Cette tumeur était la cristallisation de toutes mes peurs. Elle s'était installée dans mon corps et elle a été expulsée. À cette époque, j'avais des doutes qui me freinaient dans ma guérison. Je n'ai plus de doutes maintenant. Je pourrais mourir tranquille sans aucune peur. J'ai encore des douleurs qui appartiennent à mon corps, et ça, c'est à moi de m'en occuper.

Nous nous embrassons tendrement et je pressens qu'elle passera une belle journée.

À partir de la mi-octobre, elle s'installera progressivement dans un état de confiance et de bien-être perpétuel. Être à ses côtés est très apaisant et j'en profite le plus possible. Elle se réserve de plus en plus de moments seule pour se recueillir et retrouver cet espace lumineux auquel elle a accès et elle est de plus en plus imprégnée de cet amour qu'elle a connu. Ainsi, la côtoyer permet un contact réel avec cette énergie d'amour qui est si apaisante et qui calme mes questionnements multiples.

Elle accepte que plus rien ne soit comme avant. J'ai l'impression que c'est une sorte de *reset*: comme si toutes ses cellules s'étaient reprogrammées. Ses préoccupations ne sont plus les mêmes et sa perception de la vie a changé: elle nous parle de l'importance de jouir de la vie et d'arrêter de se stresser inutilement.

Elle parvient à se détacher de l'expérience physique et je suis fascinée qu'elle retrouve petit à petit dans son quotidien l'état d'extase qu'elle a vécu à son réveil. À cet instant, elle n'avait aucune peur, aucune douleur, car elle savait qu'elle était bien plus que ce corps dans un lit de soins intensifs.

C'est un enseignement extraordinaire que de voir ma mère intégrer ça dans son quotidien de façon spontanée et le maintenir. Depuis ce jour, les mois ont passé et cet état de grâce ne l'a pas quittée.

Après plusieurs semaines de réadaptation physique plutôt difficiles, elle en était arrivée à ne plus croire en sa guérison et à vouloir retourner à l'hôpital pour ne plus souffrir et mourir. Depuis qu'elle a retrouvé ce contact avec une réalité plus vaste que le corps physique, elle arrête de focaliser son attention sur la nourriture ou sur l'état de son corps. Son attention est mise sur la vie qui l'habite. Elle est dans un état de paix perpétuel, toujours souriante, et elle ne souffre plus, sauf à cause de petits inconforts assez banals.

Parallèlement à ce changement d'état, elle recommence à s'alimenter progressivement après six semaines de jeûne. Les premières semaines, elle mange souvent, mais en petites quantités et son appétit semble insatiable ! C'est très surprenant de la voir avaler avec plaisir toute cette nourriture qu'elle ne tolérait pas il y a seulement quelques semaines.

Et dès qu'elle reprend une alimentation solide, ses intestins se remettent à fonctionner !

De plus, nous constatons avec étonnement qu'elle a moins de restrictions alimentaires qu'après sa première opération en 2010. Elle était très fragile sur le plan digestif à cette période et faisait très attention à ce qu'elle mangeait. Cette année, après toutes ces semaines de jeûne, nous l'observons gourmande, ravie de goûter des plats sans s'inquiéter de possibles effets négatifs.

Cela fait partie des changements qui marquent sa nouvelle vie.

Le début novembre 2014 est aussi le retour de son autonomie : ses plaies sont guéries et son corps retrouve plus de force ; elle se déplace, monte les escaliers et commence même à participer à la préparation des repas avec son mari.

Un matin, elle me raconte ce qu'elle a vécu en 2010 après sa première opération. Elle ne me l'avait jamais dit. Je suis à nouveau bouleversée par cette révélation.

La guérison du cancer

« Si je suis anxieuse, angoissée, malheureuse ou que je vis une émotion semblable, je me tourne vers mon for intérieur et je m'occupe d'abord de ce qui s'y passe. Je m'assois avec moi-même, me promène dans la nature ou écoute de la musique jusqu'à ce que j'atteigne l'espace centré où je me sens calme et maîtresse de moi. Lorsque j'agis ainsi, mon monde extérieur change aussi et plusieurs obstacles disparaissent facilement sans que je fasse quoi que ce soit à ce sujet[25]. »

– Anita Moorjani

En 2010, après son opération, elle a très peur de ce cancer et des risques de récidive. Comme je l'ai décrit dans un chapitre précédent, son chirurgien n'accepte pas sa décision de refuser les traitements de chimiothérapie et de radiothérapie. Lorsque je lui demande quel sera le suivi pour maman, il me répond ceci : « Si elle refuse de se soigner, elle n'a pas besoin de *scanner*... » Selon lui, en optant pour la seule opération, elle se condamnait à mourir.

Maman était passée par beaucoup d'émotions, allant de la peur à la confiance, avant d'opter pour des soins moins invasifs que ceux proposés par le milieu médical. À ce moment-là, elle avait répondu : « Vous savez, chez moi, je suis bien, dans la nature, avec

---

25. Anita Moorjani, *Mourir pour vivre*, Le Dauphin Blanc, 2012, p. 173.

mon jardin, je mange la nourriture que j'aime, je reçois beaucoup d'amour et c'est ça qui me guérit. Je désire bien vivre le temps qu'il me reste et je ne veux pas de traitements agressifs et de leurs effets secondaires. »

Elle rentre donc bien entourée par ses proches et par les thérapeutes choisis pour l'accompagner. Sa famille, son jardin, sa chambre et son lieu de prière sont importants. Elle nous répétera souvent que l'amour qui l'entoure est ce qui lui fait le plus de bien.

Un jour, elle rencontre son médecin de famille, plus réceptif à ses choix de vie, qui lui parle de l'importance de croire en sa guérison et elle l'incite à « regarder ses arbres » qu'elle voit de sa chambre. Ma mère lui avait décrit le paysage derrière sa porte-fenêtre qui donne sur la nature et un magnifique bouleau se trouve juste devant. Lorsqu'elle rentre de son rendez-vous, elle s'installe dans sa chambre pour contempler et prier.

Tout à coup, elle a une vision : un éclair de lumière passe dans le bouleau et une image du Christ se dessine. Elle voit aussi le visage de la Vierge, celui de sa maman, le crucifix de Jésus et le visage de son papa en dessous. Elle est subjuguée par cette vision, mais ne nous en parle pas. Elle m'explique qu'elle ressent alors un grand bien-être et se sent en paix. Cette vision des êtres divins qu'elle prie depuis toujours avec en plus ses parents reste présente encore à ce jour. Dans cet espace, sa conscience semble s'ouvrir, car elle me dit voir « au-delà » du ciel.

À partir de ce jour, elle prie et médite tous les jours dans sa chambre ; pour elle, ces moments sont précieux. Elle est dans un état de bien-être et de paix chaque fois qu'elle s'isole dans cette pièce.

Je me souviens très bien d'avoir constaté les bienfaits sur son stress : elle ressortait de ses moments de solitude, lumineuse et en paix.

Depuis, elle n'a jamais cessé de voir ce qu'elle appelle sa « chapelle devant sa fenêtre ». Et après la seconde opération, elle a hâte de retrouver sa maison, car elle sait qu'elle retrouvera son sanctuaire et pourra ainsi prier et trouver la paix.

— Je vois toujours la petite brise qui souffle dans les feuilles dans l'au-delà et tout ce que j'ai vu là-haut est visible ici, me confirme-t-elle. Plus je m'avance vers la fenêtre et plus je vois loin dans le ciel. Je vois Dieu, la Vierge Marie, maman. Tout est ici devant moi. Je les vois et je leur parle. Pour moi, cet endroit est comme une église : c'est ma guérison. C'est précisément à cet endroit que je vois tout ceci. Je n'ai jamais vu ça ailleurs. Je me suis guérie de mon cancer avec cette aide.

Pourtant, après sa première opération en 2010, l'inquiétude quant au risque de récidive persistait, nourrie par le milieu médical qui l'inquiétait. Elle a continué de prier, même si elle n'avait aucune certitude. C'est seulement après sa deuxième opération, cette année, que la chirurgienne a confirmé qu'il n'y avait aucune trace de cancer dans son abdomen.

Entretiens avec Germaine

« Si méditer consiste en fin de compte à laisser Dieu écouter Dieu, prier n'est aussi rien d'autre que de le laisser se parler. Ne pas faire écran, devenir assez transparent pour qu'il puisse, au fond de soi et à travers soi, s'exprimer[26]. »

–*Alain Delaye*

Dans les semaines qui ont suivi son retour à la maison, j'ai eu des entretiens avec maman au cours desquels je lui redemande à plusieurs reprises de me raconter ce qu'elle a vu lors de son voyage dans l'au-delà. Depuis son retour, elle a partagé avec nous son désir de diffuser son expérience et de livrer son message de paix et de transformation profonde.

Entretien du 12 novembre 2014

Je demande à mère de me décrire une nouvelle fois son environnement lorsqu'elle était dans ce qu'elle appelle l'« au-delà ».

26. Alain Delaye, *Sagesses concordantes*, Accarias L'originel, vol. 2, p. 251.

– Là où je suis allée, il y avait beaucoup de fleurs jaunes, blanches et de mimosas. Et tout vacillait, tout bougeait. C'était magnifique ! Je me voyais dans mon lit d'hôpital, mais il y avait des fleurs partout autour de moi. Je me levais (même si mon corps était dans le lit d'hôpital) et je marchais, entourée de fleurs ; je devais les pousser pour avancer. Je suis restée entourée de fleurs plusieurs jours après mon retour. J'étais si bien ! me répète-t-elle, pleine de joie.

– Tu me parles des fleurs et je me rappelle que tu sentais toujours très bon, lui dis-je en me remémorant cet aspect qui nous avait surpris. Ta peau est restée douce et parfumée tout au long de l'hospitalisation, malgré les drogues que l'on t'administrait et l'absence de lavage de tes cheveux.

– Ce qui m'entourait dans la chambre ressemblait à ce que je voyais lorsque j'étais là-haut, continue-t-elle de se souvenir. J'étais toujours dans la nature fleurie.

– Quel sentiment t'habitait à ce moment-là ?

– Je me sentais en état d'extase, je vivais le bonheur parfait, une tranquillité indescriptible. Je me vois encore monter vers la lumière, comme si j'avais une longue robe, une cape et une couronne au-dessus de ma tête. Les grands êtres bleus m'accompagnaient toujours. J'ai vu la Guadeloupe lorsque je suis montée… il y a un rapport avec la naissance de ton fils là-bas… Par la suite, j'ai vu beaucoup de bleu : les arbres avec des branches très fines qui bougeaient beaucoup étaient d'un magnifique bleu marine. Après la montée, je suis entrée dans l'immensité du bleu.

L'évocation de ses souvenirs semble la rendre un peu nostalgique. Elle reprend.

— Les jours suivants, je voyais des fleurs partout. Je ressentais l'amour, j'étais dans un bien-être incroyable. Je voyais les messages de tous ceux qui pensaient à moi s'afficher sur les murs de ma chambre comme sur mon écran d'ordinateur, dit-elle en riant, consciente de la curiosité de cette scène.

Elle me dit en riant qu'elle ne peut pas raconter cela à tout le monde. Tous les gens dont elle voit les messages sont effectivement entrés en contact avec nous par courriels ou messages téléphoniques en pensant à Germaine.

— Tu m'as souvent répété que tu voulais mourir à cause de ta souffrance. Pourtant, tu nous dis aussi que tu n'as pas souffert après l'opération. Peux-tu m'expliquer ce que tu veux dire ?

— Avant de me faire opérer, j'ai souffert énormément durant toute la journée à l'urgence. À un moment, la douleur était si intense que je ne me souviens plus de rien, je n'étais déjà plus présente, je voulais mourir, car c'était insupportable, au-dessus de mes forces. Les semaines précédentes, je souffrais déjà et j'étais inquiète... J'en avais un peu assez de vivre... J'avais perdu le goût de sortir de chez moi dès juin 2014. Plusieurs choses m'inquiétaient : un bouton proche de ma colostomie qui ne guérissait pas puis une grosseur qui pouvait être une hernie ou une tumeur... mais personne n'a rien diagnostiqué. Tout ceci m'inquiétait malgré tout, m'explique-t-elle.

— Et maintenant, quel est ton état d'esprit ?

— J'ai retrouvé le goût de vivre, même si j'ai perdu huit kilogrammes en deux mois... Je n'ai plus rien, je suis maigre, mais je retrouve des forces ! C'est troublant et j'aime la vie !

Entretien du 14 novembre 2014

Je commence notre entretien en demandant à Germaine de me décrire l'aspect de Dieu et des êtres qu'elle a rencontrés.

— Dieu est invisible, me répond-elle d'emblée. Je l'ai tout de même vu sous l'aspect d'un homme et j'ai vu la Vierge à ses côtés. Deux silhouettes un peu floues, comme fondues dans le blanc et le bleu de l'immensité. Et ma mère était en dessous. C'est ainsi que je les vois à partir de ma chambre, à travers les branches de mon arbre. J'ai vu aussi Jésus sous des traits humains. C'est la présence qui est forte et c'est surtout la présence que je ressens : je suis certaine de leur présence, même si leur aspect est flou. Je vis leur présence comme un grand bonheur, une grande paix dans l'âme : la paix et l'immensité, le mystère. Je sens, depuis, que je peux être totalement en paix. C'est magique. J'aime la vie. La vie sur la terre est compliquée, mais j'aime la vie !

— Le 22 octobre, tu m'as dit que tu t'es réveillée avec la sensation que tu étais guérie. Peux-tu m'en parler plus ?

— Lorsque j'ai mal, m'explique-t-elle, j'envoie la lumière qui m'enveloppe à l'intérieur de mon corps et ça atténue la douleur. Je me connecte intérieurement, je dois être au calme et penser uniquement à cela. Si je suis bousculée, je ne peux rien faire. Dans cet espace calme, si j'affronte ma douleur, si je l'apprivoise, elle s'en va. C'est un peu difficile d'expliquer ce qui se passe.

Je la rassure et lui confirme que ça m'aide à comprendre. Elle continue ses explications.

— Je vois la lumière et je la distribue là où c'est nécessaire. J'ai également appris, après ma première opération, à aimer mon sac de colostomie. Parfois, j'étais en colère et je me disais que je devais l'apprivoiser, aimer mon ventre avec cette colostomie. Et j'y suis arrivée. C'est pourquoi je suis à l'aise avec tout ça maintenant.

— En ce qui concerne ton alimentation, c'est un peu la même chose. Tu as progressé sans manger d'aliments solides pendant plusieurs semaines après ta deuxième opération. Tu as fait confiance, tu as arrêté de t'inquiéter et ça a fonctionné. À partir de l'acceptation, ça a été plus facile, tout s'est apaisé. Es-tu d'accord avec mon explication ?

— En effet, l'acceptation, l'amour de ce qui est, c'est primordial, conclut-elle.

Entretien du 24 novembre 2014

Aujourd'hui, Ginette est présente et nous nous installons toutes les trois, côte à côte, très près, chacune tenant la main de sa voisine. Être réunies nous apporte toujours beaucoup de joie. Germaine se prête au jeu des entretiens avec bonne humeur. Elle me confie que c'est une grande joie de se remémorer et de partager son vécu, même si, parfois, elle a l'impression de ne pas trouver les mots adéquats.

Aujourd'hui, elle nous confie qu'avant que le prêtre vienne la rencontrer, elle voyait déjà le tunnel avec la lumière qui l'appelait, mais il y avait aussi une lumière rouge au bout du tunnel et elle ne pouvait pas traverser. C'était un peu comme l'image d'un arrêt stop selon elle.

— Pendant dix jours, nous avons beaucoup parlé, toi et moi, avec des mots ou sans mots, dit Ginette qui est assise tout près de Germaine, la main dans la sienne.

– En effet, confirme maman, on se parlait tout le temps… Mais je ne comprends pas, à ce jour, comment on communiquait. C'est un mystère !

– Après la visite du prêtre, raconte Ginette, j'ai passé la nuit avec toi, mais je ne parvenais plus à communiquer avec toi. Tu étais très agitée. Tu as dit le mot *courbaturée* puis *soif* vers quatre ou cinq heures et l'infirmière t'a assise dans le lit et elle t'a donné à boire… Tu voulais partir… Tu sortais en permanence tes pieds du lit.

Maman semble pensive, mais ne commente pas. Puis, elle se tourne vers moi et me dit qu'elle se rappelle que je préparais sa sépulture et qu'elle était très à l'aise avec ça.

– Pourtant, explique Ginette, nous n'en avons jamais parlé devant toi. Tu étais au courant ?

– Oui, je le savais, confirme Germaine. Je vous trouvais un peu pressés tout de même, dit-elle en riant.

– Claude avait rêvé que tu voulais des roses, lui confie Ginette.

Maman la regarde et caresse sa main, touchée par cette nouvelle. Je continue.

– Le matin du 5 septembre, le lendemain de la visite du prêtre, lorsque tu es revenue à la vie, papa est venu te voir. Il arrivait du cimetière ! Il voulait vraiment choisir le lieu de sépulture le plus beau pour toi. Il voulait être certain que tu serais bien. Il avait donc décidé de garder l'urne dans sa chambre. Il avait la conviction que c'était ce que tu voulais à la suite du rêve qu'il avait fait pendant la nuit.

Maman sourit en silence.

– Je me rappelle aussi que je voulais mon dentier, affirme Germaine, et toi, Isabelle, tu me disais non ! Pourtant, même dans mon cercueil, je voulais avoir mes dents.

Nous rions ensemble à l'évocation de ces souvenirs partagés entre deux mondes. Maman nous dit alors :

– Je pense plusieurs fois par jour à tout ça, à cette expérience. Je voyais des fleurs partout pendant plusieurs jours. Je me levais et je devais les pousser tellement il y en avait autour de moi. Et il y avait des êtres avec moi là-haut... et Ginette était toujours présente avec moi.

Elle la regarde tendrement, à ce moment-ci, heureuse de cette complicité partagée et contente d'avoir été soutenue par notre amie.

– J'étais entourée en permanence par plusieurs êtres... Je n'étais jamais seule. Je voudrais tout comprendre, mais ça reste inexplicable et mystérieux pour moi aussi. Tout cela a duré plusieurs jours, mais je n'ai plus la notion du temps... Tout était là, mais je ne peux pas dire à quel moment cela s'est passé exactement. Le temps n'existait pas.

– Que te reste-t-il de cette expérience ? demande Ginette.

– Je dois en parler... C'est très fort et je dois la diffuser. Parfois, je trouve ça impressionnant. C'est grandiose... Je voudrais vivre longtemps pour en parler. Diffuser la bonne nouvelle.

— Si tu sais que la vie continue après la mort..., commence Ginette, et maman l'interrompt :

— ... je choisis tout de même la vie, car j'ai encore des choses à faire, à diffuser, je veux profiter de mes petits-enfants, de mes amis... Maintenant, c'est Dieu qui choisit. Peut-être que l'on peut choisir de partir... si on le souhaite vraiment.

Entretien du 4 décembre 2014

Je m'installe ce matin avec maman, dans sa chambre, au calme. Nous avons beaucoup revisité son expérience les dernières semaines et je lui demande ce que tout cela a changé dans sa vie.

— J'ai moins peur, même si, parfois, j'ai encore des doutes, répond-elle sans hésiter. J'ai un refuge lorsque je suis plus vulnérable. J'ai accès à ce grand espace. Je regarde dehors, autour de mon arbre, le ciel... et je vois l'univers... comme si le ciel s'ouvrait.

— J'aimerais tellement voir ce que tu vois, dis-je en regardant ce fameux bouleau de l'autre côté de la fenêtre.

— Je revois toujours tout... Je revois l'espace, les personnages (Jésus, la Vierge, maman, Dieu) qui sont peu visibles, flous, mais je les ressens, dit-elle en embrassant du regard le paysage extérieur. Et alors, je me sens en paix. Ce qui a surtout changé, c'est que le passé est très loin. Je ne suis plus accrochée à mon histoire passée. Je vis essentiellement au présent.

— Je te le redemande... Avoir ce lien avec l'au-delà, qu'est-ce que ça change dans ta vie ?

— Ça m'apporte la paix, la sérénité. Et j'oublie tout le reste, répond-elle en me regardant dans les yeux. Ça me ramène à l'essentiel. Tout m'apparaît dans une plus grande simplicité. Et j'ai perdu tout intérêt pour ce qui est superficiel. Je ne suis plus comme avant. Je suis vraiment détachée des choses futiles. Même chez moi, je veux le moins de choses possible devant mes yeux, je ne veux plus d'objets inutiles et encombrants. Cela est parfois un peu difficile pour Claude qui doit s'adapter à sa nouvelle femme, conclut-elle en souriant.

Et elle ajoute :

— Nous ne sommes pas uniquement un corps. Nous sommes plus grands que notre corps. C'est mon message.

Entretien du 5 décembre 2014

Nous continuons de nous rencontrer afin de partager et de laisser émerger le message que veut transmettre Germaine en toute simplicité. Voici un dernier entretien avec elle.

— Pour atteindre cet état dans lequel tu vis maintenant, que suggères-tu aux lecteurs ? Quelle est la différence entre la prière et la méditation pour toi ? Elle réfléchit un peu et me dit :

— Parfois, je dis des prières ou je lis la Bible. D'autres fois, je m'installe simplement dans ma chambre, au calme, et je me connecte aux êtres qui m'accompagnent. Dans ce cas, c'est plus une méditation. Dès que je m'installe dans ma chambre, je vois très rapidement ce sanctuaire devant moi, devant ma fenêtre et je reste là, tout simplement, à recevoir l'amour et le bien-être. À ce moment-là, rien d'autre n'est nécessaire, je suis dans l'essentiel.

» Avoir un lieu dédié à la méditation ou à la prière chez soi peut aider. Ainsi, on se crée un rituel dès qu'on s'installe et ça permet d'entrer dans cet espace de paix. Il faut bien sûr se réserver des moments, ce qui peut être le plus difficile dans cette société... Moi, j'ai besoin d'être dans cet espace plusieurs fois par jour pour être bien. Avoir une image, une statue peut aider aussi.

» Dès que je médite, je retourne dans ce monde, là-haut, avec les fleurs, les mimosas et les êtres magnifiques.

» Chacun doit trouver son rituel, celui qui lui permettra de se connecter, conclut-elle.

– Demandais-tu la guérison en méditant depuis l'annonce de ton cancer en 2010 ?

– Non, je n'avais pas d'attente, mais je sentais que je pouvais guérir. C'est l'amour qui est important, l'amour de soi, dans la guérison. Et tout l'amour que j'ai reçu pendant mon séjour à l'hôpital a aussi provoqué le miracle. Il m'a sécurisée et m'a enveloppée. Vous étiez là, sans rien demander, et je ressentais ça, explique-t-elle.

» La foi est en nous et ne passe pas forcément par une religion. Chacun la vit à sa façon, selon ses croyances. La peur peut nous amener aussi à la foi. Le cancer m'a fait tellement peur que je me suis tournée plus vers la prière et j'ai eu cette vision. Je demandais à Dieu et aux anges gardiens de m'accompagner. Et j'ai eu le privilège de voir tout ce monde. Tu le sais, je te l'ai déjà dit, mais il y a des êtres partout autour de nous, me confie-t-elle en souriant.

» Dans ma vie, j'ai toujours eu la foi. Peu importe où j'étais, j'allais souvent dans les églises. Elles sont des lieux de recueillement et de prière par excellence pour moi. Les murs parlent dans les églises. Il y a eu tant de prières que lorsque nous nous recueillons dans un tel lieu, nous sommes baignés par cette énergie. J'y allais pour prier, pour méditer ou simplement pour contempler et aussi pour écouter. J'avais des réponses. Lorsque mon fiancé était à la guerre, je priais pour lui, pour qu'il soit en paix. J'ai beaucoup prié pour les autres toute ma vie. Maintenant, je reçois.

Elle réfléchit un peu, prend ma main et continue :

— Selon moi, tout ce que j'ai vécu, qui est extraordinaire, donne un sens à la vie. Je me retrouve dans le grand silence. Je regarde la nature, les arbres. Tout ce qui existe, la vie dans sa totalité est la source de cet état. Je me relie à tout ça et ça m'amène au calme.

Nous concluons ces entretiens dans une grande paix intérieure, après des messages d'une grande simplicité, mais d'une grande puissance aussi. Être à ses côtés me permet de goûter à cette présence, à la vie.

« Maman, j'ai choisi de débrancher le respirateur »

Depuis que maman est revenue, je suis angoissée de lui annoncer que j'ai pris la décision de débrancher le respirateur lorsqu'elle était aux soins intensifs. Même si elle a dit à répétition depuis son réveil qu'elle voulait partir, qu'elle en avait marre, qu'elle a demandé à son mari et à ma fille de la laisser aller, je dois lui dire ce qu'elle ne sait pas encore.

Un matin, alors que nous sommes ensemble pour sa toilette, elle me parle de son expérience encore une fois et me pose des questions sur ce qui s'est passé de mon côté, car elle n'a pas de souvenirs reliés aux soins médicaux et à son corps. Elle se souvient de son ressenti, de son voyage, de la lumière qui l'attirait, mais elle n'a aucun souvenir de ce qui se passait du côté hospitalier.

Alors, je lui explique tout le déroulement de cette semaine très intense.

— Tu étais branchée à un respirateur, en infection généralisée, anémique, ne supportant pas le gavage installé pour te nourrir. Puis, une pneumonie s'est installée…

Je lui raconte mes entretiens quotidiens avec le médecin et mes questionnements quant aux traitements. Et je poursuis.

– À la maison, nous avions de longues discussions avec papa : nous étions en état de choc et il fallait apprendre à vivre avec la possibilité de ton départ. Nous avons vécu la semaine la plus intense de notre vie avec des rebondissements bouleversants.

» Tout au long de cette semaine, mon intuition me guide et je sens que tu ne souhaites pas être "prolongée". Nous prenons donc la décision de "débrancher" puisqu'il n'y a pas de réelle amélioration après sept jours sous respirateur.

Pas facile de lui dire ça. Elle est très étonnée. Elle ne connaissait pas ce pan de l'histoire.

Elle comprend que prendre cette décision et en reparler avec elle est déstabilisant. Elle n'est pas choquée, car elle se rappelle très bien que c'est ce qu'elle voulait, mais ne pouvait pas le dire. Elle veut tout savoir, et comme Ginette a pris des photos d'elle lorsqu'elle était aux soins intensifs, je les lui montre. Elle réalise alors ce que nous avons vécu et comprend mieux la tristesse qu'elle ressentait chez nous. Elle a les larmes aux yeux en réalisant pour la première fois par où elle est passée. Elle me répète que, de son côté, elle était dans l'euphorie de la beauté du monde qu'elle découvrait et nous demandait intérieurement de la laisser aller vers la lumière.

Se voir si mal en point physiquement est un choc pour elle. Elle n'avait pas réalisé d'où elle revenait vraiment.

Puis, je lui montre les vidéos enregistrées lors de son réveil et elle est à nouveau bouleversée. Quel contraste entre les photos d'elle sous respirateur et les images de son réveil, où elle semble si heureuse, lumineuse et si pleine de vie !

J'ai déjà lu à quel point il est facile, pour les gens qui ont vécu une EMI, de l'oublier s'ils ne sont pas soutenus par leurs proches et qu'ils ne la gardent pas vivante à l'intérieur d'eux. Lorsqu'ils l'oublient, leur vie devient souvent difficile, car ils perdent le sens de cette expérience si importante qui les avait connectés profondément à eux-mêmes et à la vie.

Avec maman, nous en parlons tous les jours. Elle en ressent le besoin et nous désirons lui permettre de rester dans cette énergie, de vivre pleinement cet état afin de pouvoir inspirer d'autres personnes.

L'importance de l'accompagnement

Il y a plus de dix ans, je suis devenue *doula*, ou accompagnante à la naissance, et aussi accompagnante de femmes dans leurs différents passages de vie. Lorsque nous sommes aux côtés d'une femme qui devient mère, qui avance à tâtons dans l'aventure la plus excitante, mais parfois la plus tumultueuse de sa vie, nous devons nous assurer qu'elle ressent notre soutien inconditionnel, quoi qu'il se passe, quoi qu'elle décide, sans jugement. L'accompagnante, en protégeant son environnement, lui permet de vivre un changement d'état de conscience modulé par les hormones en action ce jour-là. Lorsque le *cocktail* d'hormones de l'accouchement est sécrété, l'anxiété diminue, le cerveau rationnel est plus tranquille et la femme qui devient mère se connecte à son instinct. Tout à coup, elle est plus libre, en contact direct avec le mouvement de la naissance et la douleur n'est plus l'ennemi à combattre. Pour ce faire, elle doit se sentir en sécurité, soutenue inconditionnellement par son entourage afin de ne pas activer la partie rationnelle du cerveau, celle qui analyse, qui contrôle, mais qui inhibe aussi l'action des hormones de l'accouchement.

Cette expérience implique un immense lâcher-prise de la femme qui devient mère, un plongeon dans l'inconnu, ce qui peut s'avérer très stressant si elle n'est pas accompagnée, dans le respect de ce passage.

L'homme qui devient père doit lui aussi faire confiance au processus de la naissance afin que sa conjointe puisse se déposer dans cet espace sécurisant, amoureux et se faire assez confiance pour aller au bout de son expérience.

En accompagnant ma mère vers son dernier passage, nous avons vécu la même chose. Il fallait que nous soyons, nous, les accompagnants, en paix avec ce qui se passait pour lui permettre de se laisser aller. Elle se sentait en sécurité et n'a pas lutté contre ce qui se présentait. Elle avait besoin de notre soutien inconditionnel pour partir… et finalement revenir.

Nous devions tous lâcher prise pour lui permettre de vivre cet état à son tour. C'est une expérience extraordinaire qui a été rendue possible grâce à un mouvement de solidarité autour de nous. Des amies très chères m'ont littéralement nourrie pendant plusieurs semaines afin que je puisse être totalement disponible pour ma mère et ma famille.

Lorsque j'imagine comment représenter l'accompagnement, je vois une spirale impliquant plusieurs personnes qui se soutiennent entre elles. Ainsi, la personne au cœur de la spirale, l'« accompagnée », est enveloppée d'amour en permanence, ce qui assure sa sécurité et lui permet de s'abandonner en toute confiance.

Dans cette expérience avec Germaine, nous avons reçu autant que nous avons donné et notre vie est transformée à jamais.

Maman a témoigné de son vécu de l'accompagnement avec beaucoup d'émotion :

– J'ai beaucoup de chance d'être entourée par Ginette et Isabelle. Elles ont été avec moi tous les jours lors de mon hospitalisation. Isabelle s'est chargée quotidiennement de ma toilette pendant plusieurs semaines. Toutes les personnes âgées n'ont pas cette chance. J'ai été choyée, aimée. J'ai fait un grand voyage, je peux le transmettre et j'ai eu la chance d'être beaucoup aidée. J'ai reçu énormément d'amour. Je me sens très privilégiée. Quelque chose d'extraordinaire s'est passé. Mes petits-enfants et mon mari étaient tristes de me voir mourir. Je les sentais tous les jours proches de moi. Lorsqu'ils ont accepté de me laisser partir, ça m'a libérée.

» Nous vivons au Québec depuis dix ans, mon mari et moi, et nous avons trouvé beaucoup de profondeur ici. C'est un chemin particulier qui se continue.

Le miel et le vin

Lorsqu'elle revient à la vie, maman est en extase, ne ressent aucune douleur physique. Très rapidement, elle a une envie de miel et elle parle aussi de vin. Elle nous suggère de boire du vin, car elle est certaine qu'une bouteille a été déposée sur sa table de cuisine. Est-ce que ces deux éléments ont une signification purement symbolique et sont-ils reliés à la guérison ?

Je me suis renseignée auprès de spécialistes et j'ai trouvé quelques écrits qui témoignent qu'autant le miel que le vin sont cités dans les textes religieux et représentent symboliquement un lien avec le divin.

Dans la littérature religieuse chrétienne, nous retrouvons beaucoup d'allusions au miel et à ses propriétés.

Il est souvent associé au mystère et au divin. « Il évoque la prospérité, la douceur, le plaisir de la sexualité et tout ce qui est donné directement par Dieu. Il est aussi relié à l'abondance : la description de la terre promise comme un pays ruisselant de lait et de miel (Exode 3,8) est un refrain qui revient constamment pour montrer l'abondance et la bénédiction de Dieu sur cette terre[27]. »

Au cours de l'histoire, l'utilisation du miel dans la médecine est mentionnée dans les écrits les plus anciens. Aujourd'hui, les médecins et les scientifiques découvrent l'efficacité du miel pour le traitement de blessures, de plaies chirurgicales ou de lésions variées qui ne guérissent pas, notamment à cause des bactéries devenues résistantes à de nombreux antibiotiques. Il a trois grandes propriétés reconnues : antiseptique, cicatrisante et anti-inflammatoire.

Le Pr Bernard Descottes[28] a commencé à utiliser du miel sur des plaies qui guérissaient mal il y a déjà 25 ans. Il a pu observer l'efficacité du miel sur les plaies infectées et la rapidité de la cicatrisation qui est deux fois plus élevée qu'avec les pansements classiques utilisés. Le secret de ses propriétés antiseptiques résiderait dans sa production naturelle d'eau oxygénée et dans la présence de l'acide gluconique qui entrave le développement des microbes. Depuis quinze ans, les recherches se multiplient, mais encore peu d'hôpitaux osent intégrer le miel dans leurs protocoles de pansements. La source florale du miel semble d'une grande importance, car les composés phytochimiques présents dans le nectar de certaines fleurs que butinent les abeilles contribuent aussi à l'action bactéricide du miel. En plus de tuer les micro-organismes,

---

27. Recherche sur le miel transmise en décembre 2014 par Sébastien Doane, bibliste [www.interbible.org/index.php].
28. Pr Bernard Descottes (1943-2009) est l'initiateur des premières chirurgies du foie et de l'œsophage et le créateur de l'unité de transplantation hépatique au CHU de Limoges en 1986. Il a aussi été, entre autres, le fondateur, en 1995, de l'Association d'aide pour le développement de la chirurgie au Vietnam et le président de l'Association francophone d'apithérapie. Pendant 25 ans, il a mené des recherches sur la cicatrisation des plaies avec le miel.

le miel a divers autres effets intéressants. Il diminue l'œdème et l'inflammation des tissus. Il déloge et repousse les tissus morts. Il agit à la manière d'un désodorisant puisqu'il chasse cette odeur désagréable qui émane de certaines plaies infectées et qui handicape énormément les patients, au point où ils n'osent plus quitter leur domicile.

Peut-être aurions-nous pu essayer le miel sur les plaies abdominales de maman ? Mais l'utilisation thérapeutique du miel ne faisait pas partie des options de notre hôpital. Nous avons donc simplement apporté le miel que Germaine désirait et elle s'est délectée à son réveil alors qu'elle n'avait encore rien mangé depuis plus d'une semaine.

Quant au vin, issu du fruit de la terre, de la lumière et du travail de l'homme, il est présent dans l'histoire de l'humanité depuis toujours. Il est intimement relié à la spiritualité. Dans les textes religieux, il est souvent le symbole de l'alliance entre Dieu et les humains.

Dans la Bible, il est associé à des métaphores, de la joie à la perte du contrôle de soi. Il est parfois le symbole de la vie et de la bénédiction de Dieu. Lors du dernier repas de Jésus, le vin est présent et est associé à la fête et à l'alliance à Dieu.« Il prit ensuite une coupe de vin et, après avoir remercié Dieu, il la donna à ses disciples, et ils en burent tous. Jésus leur dit : “Ceci est mon sang, le sang qui garantit l'alliance de Dieu et qui est versé pour une multitude de gens. Je vous le déclare, c'est la vérité : je ne boirai plus jamais de vin jusqu'au jour où je boirai le vin nouveau dans le royaume de Dieu.” Ils chantèrent ensuite les psaumes de la fête (Mc 14,23-26a). Dans cette parole attribuée à Jésus se retouvent plusieurs symboles associés au vin : la joie, l'épreuve, vie/mort, l'alliance avec Dieu, le banquet avec Dieu[29]. »

Le vin est le représentant de la science spirituelle selon l'historien Georges Ferré. Ce dernier a consacré un livre au vin à travers les religions. Dans la Bible, Ancien et Nouveau Testament compris, le vin et la vigne sont mentionnés plus de cinq cents fois[30]. Selon Ferré, chaque religion lui donne une place particulière qui évolue dans le temps. Malgré les interdits, la consommation de cette boisson vénérée n'est jamais vraiment stoppée au cours de l'histoire.

Il conclut en expliquant que si le vin est toujours associé aux rituels religieux, il est aussi, en Occident, associé à la convivialité, à l'amour et à la fête.

Lors de son réveil à la vie, le miel et le vin étaient très présents dans les paroles de maman : elle voulait manger du miel et avait hâte de boire un peu de vin, alors qu'elle n'en buvait presque pas auparavant. Elle nous dit qu'elle se souvient d'avoir déposé une bouteille de vin sur la table de sa cuisine pour nous.

Il ne faut pas oublier qu'au moment où elle en parle, elle est encore totalement dans l'expérience qu'elle vient de vivre.

Si le miel et le vin sont associés au divin et à la guérison dans les écrits religieux, l'insistance de maman pour en avoir à son réveil m'a interpellée. À ce moment-ci, elle est hyperintuitive, elle ressent tout ce que nous vivons, et pour elle, tout ce qu'elle vit est plus

---

29. Sébastien Doane, bibliste [www.interbible.org/interBible/ecritures/symboles/2009/sym_090904.html].
30. Georges Ferré, *L'âme du vin – Symbolisme et spiritualité dans les trois religions*, Dervy, 2012, p. 10.

réel que la vie physique, même si cela nous semble, à nous, qui ne l'avons pas expérimenté, plutôt irréel.

Ce changement de paradigme sur les notions de réalité et d'illusion est troublant, mais partagé par de nombreuses personnes ayant vécu ce genre d'expérience. En contactant l'essence de la vie et l'amour universel, elles relativisent alors la notion de réalité limitée au corps physique et à la recherche d'une vie matérielle, confortable et sécurisante. Leur message, incluant celui de maman, nous propose de cesser de donner autant d'importance à nos préoccupations quotidiennes matérielles pour plutôt nourrir la vie, la paix intérieure et l'amour.

Mes cadeaux

Être aux côtés de maman alors qu'elle est mourante et qu'elle vit ce passage de l'autre côté de la vie m'a bouleversée à plusieurs niveaux. Elle est revenue de son expérience avec un souvenir intact. Pendant quelques jours, nous l'avons côtoyée dans un état de grâce, de joie intense, sans aucune identification à son corps meurtri. Elle nous paraissait avide de partager sa joie et sa découverte : « il faut savoir que nous vivons aussi au-delà de notre corps dans un état d'amour extraordinaire ! »

L'accompagner tout au long de ce processus a été transformateur et riche d'enseignements. Mon regard sur la vie est différent, mon cœur et ma conscience se sont ouverts et j'ai reçu des cadeaux inestimables à son contact. Elle continue de me nourrir de cette confiance en la vie, celle qui coule à travers moi, au-delà de mes préoccupations quotidiennes.

Mon premier cadeau

Son expérience m'a confirmé que cet espace plus grand que nous existe, que nous ne mourrons pas, que nous ne sommes pas seulement un corps physique, que la réalité est dans l'intangible. La grande peur fondamentale de disparaître a perdu son emprise sur moi. Au début, je pensais que seule ma mère avait bénéficié du cadeau, mais, au fil des semaines, je réalise que, moi aussi, je suis profondément transformée. Avoir accompagné maman sur ce chemin m'a permis de vivre concrètement une expérience en apparence irréelle, ce qui semble un peu contradictoire. La réalité me semble maintenant beaucoup plus vaste. Le mystère fait plus partie de ma vie.

Lorsque je la vois, plusieurs mois plus tard, sereine, en paix, vivant chaque minute dans la présence, je me sens très choyée de la côtoyer et d'être nourrie et guidée vers l'essentiel à son contact.

Elle a conservé ce lien intact avec sa nature profonde et elle nous rappelle constamment, par sa simple présence, que nous sommes tous reliés à cet espace plus grand que nous. Germaine explique que, libérée de son corps, elle était totalement unie à tout ce qui était autour d'elle, dans un grand bien-être. Il n'y avait plus de séparation, seulement l'unité avec tout, donc aussi avec nous, ses proches. Elle percevait nos sentiments les plus profonds et ne s'attachait pas à ce que l'on disait, mais à ce qui vibrait au cœur de chacun. Et elle continue de nous *ressentir* dans son énergie et de nous inclure dans ses méditations et dans son espace d'amour infini. Elle n'a plus peur de mourir, car elle sait que la vie ne meurt pas.

Mon deuxième cadeau

Mon deuxième cadeau est la légèreté. Je vis beaucoup plus intensément l'instant présent, je suis plus détachée de certains aspects de ma vie et de mon travail qui me préoccupaient auparavant. Comme le suggère Germaine, je suis plus à l'écoute de ce qui est important pour moi, de ce qui nourrit mon cœur. Je me sens un peu plus libérée de l'importance de *faire* pour prendre le temps d'*être*.

Ma famille et Ginette ont aussi bénéficié des effets de cette expérience. Depuis son éveil, nous avons envie d'être auprès d'elle, tout simplement. En sa présence, le superflu de nos vies perd tout son pouvoir et nous plongeons dans l'amour qui émane d'elle et qui nous remplit.

Maman me confirme que depuis qu'elle a vécu ce grand passage, elle se sent libérée de son passé et de certaines angoisses. Surtout, tout ce qui est superficiel ne l'intéresse plus.

Mon troisième cadeau

Mon troisième cadeau, c'est assister à ce que j'appelle ses « retournements ». J'ai été littéralement fascinée d'assister à ces changements d'état : retrouver un état de paix quasi instantanément alors qu'elle souffrait parfois depuis plusieurs jours. J'avais tendance à focaliser moi même sur les moments difficiles et, certaines journées, je perdais confiance. Et puis, soudainement, après un moment d'intériorisation soutenue, elle revenait dans un état de grâce, sans plus aucune douleur ou peur. Différentes thérapies existent et offrent des techniques pour accéder à un état de paix intérieure dans des cas de maladies graves, par exemple afin de diminuer le stress. J'ai vu ma mère vivre ces revirements de façon spontanée et instantanée, sans avoir été préparée ou même informée. C'était fascinant de la voir changer d'état en quelques secondes, le visage tendu devenant souriant et lumineux.

Je réalise maintenant, hors de tout doute, que tout est réellement possible, que tout peut arriver, même ce que nous n'imaginons pas. Je mesure encore difficilement, quelques semaines plus tard, la puissance de cet apprentissage.

Ma mère m'a montré un chemin qui m'a bouleversée, car elle a également démenti certaines convictions reliées à ma formation médicale. Par exemple, lorsqu'un diagnostic est posé, la personne peut perdre tout espoir relié au pronostic de sa situation. Or, ma mère a fait voler en éclats tout ce à quoi nous nous attendions dans son cas : après lui avoir dit adieu, mandé un prêtre pour lui donner l'extrême-onction… elle est revenue à la vie, pleine de joie et guérie !

Depuis, elle a besoin de calme, de temps pour méditer ou pour prier. Dans ces moments, son univers s'ouvre et elle est dans l'amour infini, en paix, et le mental est totalement au repos. Rien d'autre n'existe que le moment présent. Elle me dit, un jour, alors que j'arrive chez elle et la trouve, assise dans son salon, souriante :

— Je suis bien, je passe de longs moments à méditer et je ne pense à rien ! C'est si bon ! Parfois, une pensée me traverse l'esprit, mais je la laisse passer. Elle me quitte et je me reconnecte à l'amour, à Dieu. C'est ainsi que je me nourris et j'ai un grand besoin de ces moments. Si je ne prends pas ce temps plusieurs fois par jour, je ne suis pas aussi bien.

J'ai dû m'habituer à vivre auprès d'une nouvelle mère en état de grâce, car celle que je côtoyais auparavant était beaucoup plus anxieuse.

J'ai reçu des témoignages de personnes, ayant vécu une expérience similaire, qui ont cessé d'en parler, car leur entourage ne les croyait pas. Elles n'ont donc pas pu s'octroyer des temps pour retrouver ces états de paix intérieure et surtout elles n'ont pas été soutenues dans ce vécu. Par la suite, elles témoignent de leur souffrance de s'être coupées de cet espace après l'avoir découvert.

Je suis choyée d'avoir nourri cet espace avec Ginette, mon père et ma famille pour que ma mère reste connectée, car j'ai appris à me donner ce temps moi-même et à en apprécier les bienfaits.

Si je veux conserver ce cadeau, je dois, moi aussi, prendre soin de ma nouvelle réalité et adapter mon quotidien à ma nouvelle vie... tout comme maman me le démontre.

Mon quatrième cadeau

J'ai reçu mon quatrième cadeau lorsque Germaine était dans son élan de guérison après de longues semaines éprouvantes pour nous tous. Lors de ma première balade en nature, plusieurs semaines après l'opération, je me suis installée au bord de la rivière et mon esprit s'est calmé, vidé, après tous ces jours très mouvementés. Je ne sais pas combien de temps cela a duré, car je suis sortie de toute notion de temps dans cet espace. Lorsque je suis revenue à moi-même, je me sentais en état de grâce, unie à la nature, fondue dans le paysage, l'eau et le vent. J'étais l'eau, le vent et la lumière. Je me sentais en présence d'une énergie divine. Ce moment hors du temps est un cadeau que j'ai gardé dans mon cœur plusieurs semaines. Je voulais me souvenir de cette union au tout, de cette vibration ressentie dans mes cellules et surtout du bien-être et de la paix qui m'habitaient au retour.

Mon cinquième cadeau

Je côtoie maman quotidiennement et c'est peut-être mon plus beau cadeau. Sa présence lumineuse dégage une grande paix. Passer du temps auprès d'elle m'apaise et me ramène à l'essentiel, au cœur de moi-même. Elle désire transmettre son expérience malgré, parfois, sa difficulté à trouver les mots pour décrire ce qu'elle a vécu.

Elle ne veut pas que son témoignage ressemble à une recette, car elle pense qu'il est préférable de laisser les gens faire leur cheminement et découvrir leur foi.

Elle est portée par cette énergie d'amour qui l'habite, et j'observe sa transformation, même physiquement, ce qui me trouble un peu. Son visage, sa voix et sa façon de s'exprimer sont différents. Les personnes qui la connaissent moins ne s'en rendent peut-être pas compte, mais pour moi, le changement est troublant. Et ce sourire qu'elle arbore depuis des semaines me fait du bien. Elle a atteint la paix, elle vit dans un espace d'amour, s'en nourrit et nous y inclut. Mais cela implique des ajustements au quotidien, autant de son côté que de celui de mon père. Parfois, il ne comprend pas les réactions de sa femme qui ne se soucie plus de certains détails qu'elle juge maintenant superficiels. Il doit aussi s'habituer à son besoin de calme et de temps méditatif, sans parler. Ils me donnent un bel exemple d'adaptation dans un couple, après plus de 55 ans de vie commune.

L'intégration de ces cadeaux en cette fin d'année 2014 me transporte dans un élan de joie profonde et de gratitude. J'ai foi en la vie, en l'amour et en ma grandeur.

Témoignage de Ginette[31]

L'expérience avec Germaine est, à ce jour, la plus fascinante qu'il m'ait été donné de vivre. Accompagner la mère de mon amie Isabelle en fin de vie pendant dix jours et la voir se réveiller un beau matin, débordante de vitalité, relève du mystère de la vie, du miracle. À ce jour, je suis toujours aussi émerveillée de côtoyer Germaine, d'échanger, par la parole ou le silence, la présence du moment. Le plus grand enseignement est le pouvoir infini de l'humain lorsqu'il est connecté à sa pleine puissance. J'ai appris et j'ai vu à quel point l'identification à ce que nous croyons être, notre personnalité, notre histoire et notre ego sont des pièges sans fin.

Lorsque Germaine s'est réveillée, elle est restée presque trois jours dans un état extatique. Totalement détachée de ce corps qui était là, étendu sur le lit. Elle le regardait sans aucune histoire, elle n'était pas concernée par ce corps, ses cicatrices et tout le reste. Elle était dans la joie, dans l'étonnement d'être là, dans un état de grâce. Ces heures ont été pour moi extrêmement révélatrices. Une réponse en quelque sorte à cette grande question : qui vit ?

31. [http://ginetteforget.blogspot.ca].

Par la suite, à la maison, nous l'avons vue à de multiples reprises, lorsqu'elle réintégrait son corps, s'identifier à nouveau à celui-ci, souffrir et avoir peur. Les histoires revenaient, le mental s'en mêlait et c'était difficile. Je sais que revenir d'une expérience mystique sans aucune limite et retrouver un corps physique avec ses limites n'est pas évident.

La vérité et le cadeau ultime pour moi sont que, lorsqu'elle souffrait, nous n'avions qu'à lui remémorer l'expérience grandiose qu'elle venait de vivre et elle se transformait sous nos yeux. En quelques minutes, oui, minutes, elle revenait dans cet état de grâce, libre de toute souffrance. C'était vraiment impressionnant ! Maintenant, à nous d'explorer et de faire de notre vie une expérience authentique et libre de toute histoire. Il est temps de reconnaître que nous sommes des êtres magnifiques.

Merci, Isabelle pour ta délicatesse, ta grande douceur. Vivre cette expérience à tes côtés a ajouté à notre amitié un parfum unique, innommable.

Merci à Claude, à Juliette et Téo, de m'avoir laissé entrer dans votre intimité.

Merci à Germaine pour tout.

La conclusion de Germaine

« Depuis que j'ai vu l'au-delà, je parle plus de ma foi librement. Je partage facilement que la foi en ce plus grand que nous peut nous aider à être plus heureux. Avant, je gardais mes convictions pour moi. Dieu est une présence continue dans ma vie maintenant. Je ne me sens plus jamais seule. Je me sens sereine et en paix. Je sais toujours où aller lorsque je souffre : je joins ces êtres qui m'accompagnent dans cet espace d'amour infini et tout s'apaise en moi. Cette présence est un grand mystère qui ne me quitte jamais. Je suis accompagnée en permanence par cette présence d'amour infini.

» Après avoir lu le manuscrit d'Isabelle, je suis bouleversée, car je découvre ce que mon mari et ma famille ont vécu au quotidien pendant plusieurs semaines. De mon côté, je ne me suis pas rendu compte de tout ce qui se passait. J'étais en paix, sereine, alors qu'ils étaient dans la tourmente des décisions et dans la tempête de me voir avec tous ces soins. Je le réalise maintenant en découvrant tous les détails et en regardant les photos prises à l'hôpital. J'ai reçu beaucoup d'amour et de présence et je les remercie pour tout ce qu'ils m'ont offert.

» Lors de ma première opération, en 2010, je n'avais pas peur lorsque je suis entrée dans la salle d'opération et que j'ai vu les cinq personnes, deux chirurgiens, un anesthésiste et deux infirmières. J'ai prié pour eux, pour qu'ils fassent leur travail le mieux possible. Je ne pensais pas à moi. Actuellement, je prie pour tous ceux que j'aime et pour que la paix s'installe dans le monde.

» C'est l'amour qui m'entourait lors de mon hospitalisation qui m'a permis de vivre tout cela. L'amour de Claude, d'Isabelle, de mes petits-enfants et de Ginette. Sans cet environnement autour de moi, je n'aurais pas pu me laisser aller ainsi et rencontrer la présence telle que je l'ai vécue. J'étais portée par l'amour… et j'ai rencontré l'amour universel.

» Pour Claude, il n'est pas toujours facile de s'adapter à ma nouvelle réalité, mais il est extraordinaire, et moi-même, je fais des efforts pour m'adapter à lui. Beaucoup de détails du quotidien me semblent maintenant superflus, mais s'ils ne le sont pas pour lui, je prends le temps de l'écouter.

» Claude a été bouleversé, car il pensait que j'allais mourir, il est allé au cimetière pour choisir où installer l'urne après mon décès et lorsque je suis revenue et que je lui ai raconté ce que j'ai vu, il m'a crue. Depuis, il a foi lui aussi en cette vie dans l'au-delà, car il m'a vue en revenir guérie. Son plus grand souhait était de fêter nos quatre-vingts ans ensemble, et il a été exaucé. Il désire maintenant profiter de ce sursis avec moi et il souhaite que nous ayons du bon temps tous les deux. »

Remerciements

Merci, maman, de nous avoir permis de vivre une expérience si extraordinaire. Je te remercie également pour ta confiance totale dans la transcription de ton expérience et de ton message dans ce livre.

Merci, papa, pour ton ouverture et ta confiance tout au long de ce processus qui nous a bouleversés, qui nous a amenés aux confins de nos limites et de nos croyances. À 79 ans, tu t'es ouvert totalement à accueillir ce qui se présentait. Tu as accepté de laisser aller ta bien-aimée, puis tu nous as suivies sans résister dans tous les évènements inimaginables qui ont suivi. Tu m'as démontré une fois de plus la force de ton amour, de ton dévouement sans aucune faille pour ta femme et ta famille.

Merci, Juliette, pour ta présence réconfortante auprès de ton grand-père, pour ta grande écoute et ton soutien inconditionnel tout au long de ces semaines éprouvantes. Merci pour tes relectures et tes commentaires précieux dans l'évolution de ce manuscrit.

Merci, Téo, d'avoir accepté mon absence de notre maison familiale pendant plusieurs semaines.

Merci, Ginette, pour ta présence continue, ta générosité et ton ouverture du cœur exceptionnelles. Sans toi, cette expérience n'aurait pas été la même. Tu m'as soutenue et tu m'as permis de plonger dans cette aventure hors du commun et de croire sans aucun doute que nous sommes plus que ce que nous croyons être. Tu as été auprès de maman quotidiennement, la nourrissant de ta présence et de ton énergie apaisante. Maman se plaît à dire qu'elle a maintenant deux filles et je suis touchée d'avoir une sœur si généreuse.

Merci, Delphine et Josy, de nous avoir si généreusement remplacés lorsque nous étions tous épuisés à l'hôpital. Merci de votre générosité et de vos petits plats qui m'ont permis de bien manger pendant toutes ces semaines.

Merci, Sylvie et Sarah, respectivement acupuncteure et ostéopathe, pour vos traitements offerts à Germaine à domicile, dans les semaines qui ont suivi son retour à la maison.

Merci, Marie-Chantal Martineau et Alain Williamson pour avoir encouragé ce projet d'écriture dès que vous avez appris la nouvelle. Une belle synchronicité qui a permis la naissance de ce livre, donnant voix au message de Germaine.

À propos de l'auteure

Infirmière depuis plus de vingt ans, Isabelle Challut a régulièrement accompagné des personnes en fin de vie. Elle a également axé sa pratique autour de la naissance et de l'accompagnement de femmes qui donnent la vie. D'ailleurs, en 2005, elle fonde le centre de ressources en périnatalité Pleine lune [www.centrepleinelune.com].

L'expérience de sa mère, à travers la maladie et la guérison, lui confirme l'importance de l'accompagnement bienveillant lors du passage vers la mort, tout comme vers la naissance, dans le respect du sacré et de la puissance de la vie.

Elle est l'auteure de *La maternité au féminin* (Instant Présent, 2007, réédité en 2011). Elle a également coécrit *Devenir soi* (Le Dauphin Blanc, 2011) et *Dire oui à la vie !* (Le Dauphin Blanc, 2013).

Vous êtes invités à consulter son site au :

www.allerretourverslaudela.com

MARQUIS

Québec, Canada

RECYCLÉ
Papier fait à partir de matériaux recyclés
FSC www.fsc.org FSC® C103567

Imprimé sur du papier Enviro 100% postconsommation
traité sans chlore, accrédité ÉcoLogo et fait à partir de biogaz.

100%

PERMANENT

BIO GAZ ÉNERGIE